歌舞伎町に沼《ぬま》る若者たち

搾取と依存の構造

佐々木チワワ
Sasaki Chiwawa

PHP新書

はじめに

「愛情不足で、居場所がない女の子たちが『ホス狂い』になる。ホストはお金を払うと褒めてくれるし、私を必要としてくれる」[*1]

SNS上で「頂き女子りりちゃん」を自称し、男性複数名に恋愛感情を抱かせたうえ、金に困っていると嘘《うそ》をつき1億5500万円余りを騙《だま》し取った詐欺の罪と、そうした一連の詐欺のテクニックをマニュアル化して販売した詐欺幇助《ほうじょ》の罪で懲役9年、罰金800万円の罪に問われた渡辺真衣被告（2025年1月16日、懲役8年6カ月、罰金800万円の実刑判決が確定）。彼女の逮捕時の所持金はわずか1万円で、「頂いた」お金のほとんどをホストクラブに注ぎ込んでいたことから世間で大きな話題となった。

彼女のマニュアルを買った人びとをはじめ、同じように男性から金を「引く」女性たちは多く存在する。2024年5月には、上野のキャバクラで働いていた女性に車やバイクを手放して1000万円以上を貢いだ末、その女性を殺してしまった新宿タワマン刺殺事件も起きている。「キャバ嬢」と「客」という明確な疑似恋愛の場ですらこうした事態が起こるなか、マッチングアプリなどで出会った男性に恋愛詐欺を行なうことは、女性にとってかなり高リスクでもある。

しかし、嘘の理由で男性から金を「引く」女性たちは後を絶たない。その背景に、ホストクラブの存在があることは否定できない。一部の経営者や資産家を除き、ホストクラブで高額を使う女性のほとんどは夜の仕事で大金を稼ぎ出している。身体を売って、はたまた詐欺行為を働いてまでホストに全財産を投げ打つというのは、一般的には理解しがたい感覚であろう。

メディアなどでは悪質ホストの売掛（ツケ払い）問題も同時期に騒がれ、「ホストが、年端《としは》もいかない判断能力に欠ける女性に色恋を利用して無理やり売掛をさせ、風俗に沈める」という定説が一般化した。渡辺氏が中年男性から金を巻き上げる「マニュアル」をつくっていたように、ホスト側にも女性をコントロールする「マニュアル」が存在するとして取り上げられ、悪質ホストの手口が連日メディアで報じられている。警察庁は2024年12月、ホストが女性客の恋愛感情につけ込んで高額な飲食をさせる「色恋営業」を禁止する方針を固めた。

しかし、冷静に考えてほしい。ホストクラブという疑似恋愛が前提の場で、本当にただの色恋だけで騙されて女性が数百万円を落とすものだろうか。彼女たちは何を対価として受け取り、価値付け、時に身を削ってまで大金を投じるのか。「ホスト」という職業は、客が店に来たときにだけ色恋営業によって甘い言葉を囁《ささや》く仕事なのだろうか。

筆者が連日の報道を見聞きして感じたのは、ホストという仕事への「解像度の低さ」と、ホストに貢ぐ女性の家庭環境やトラウマといった同情ポルノにばかり関心が向き、歌舞伎町という街での「搾取と依存の構造」について何も語られていないことである。

「担当がしてくれて嬉しかった行動とか言葉とか。そういう特別扱いをおじさんにもしたら、面白いくらい稼げてさ。私は担当がかけてくれた時間とか、与えてくれた感情にお金を払ってるから。優しい嘘に価値感じてるから。だからおじさんからお金もらうときにつく嘘に罪悪感ないよ。だって『ホストに貢ぐため』って言ったら嫌な気持ちになるでしょ。だから設定を練って、お金を使ってあげたくなる子を演じる。ある意味、愛だよ」

そう話すのは、とあるホストのエース（最も金を使ってくれる客）兼彼女（「彼女」と言われているだけで、本人は営業だとわかっている）として3年以上大金を使い続ける、筆者の友人だ。『【推しの子】』[*2]の星野アイかよ……とも思うのだが、ホストクラブに通う女性はホストから与えられた言葉を営業だと割り切ったうえで、大金を使う傾向にある。

それはホストクラブという空間自体がただの色恋を演出するための場所ではなく、金を使う価値があり、金銭を投じることで評価される舞台装置として優れたシステムを有しているからなのだ。ホストクラブの構造を掘り下げると、歌舞伎町ではどんな男女に価値があり、何をもって評価が下されているのかという根本的な価値観が紐解ける。歌舞伎町という街のシステム・価値観の沼にハマってしまう若者たちの深層心理は、現代の日本が抱える諸問題にも通ずるはずだ。

本書では、メディアで騒がれるにもかかわらずイマイチ言及されないホストの労働内容や、女性客が金を注ぎ込みたくなるシステムを起点に、「歌舞伎町の病」とも言える価値観を社会学的に分析し、売掛をはじめとしたホストクラブをめぐる諸問題の解決策までを提言、そしていまの若者たちが陥る「搾取と依存の構造」を明らかにする。

本書の構成は以下のとおりだ。

第1章では、そもそも歌舞伎町やホストクラブとはどんな場所なのか、基本的なシステムや用語とともに紹介する。すでに歌舞伎町の基本ルールに詳しい方は、読み飛ばしてもらっても構わない。

第2章では、ホストとはどういう仕事なのかを分析する。浮かび上がってくるのは、ホストは接客を中心とした感情労働であり、時に客との性的行為を伴う肉体労働である姿だ。「女性と接しているだけでお金がもらえるなんて楽な仕事」と思う方もいるかもしれないが、実際のところどうなのか、その目で確かめてほしい。

第3章では、ホストの「アイドル化」について考察する。昨今のホストは店舗での接客のみならず、SNSでの発信・配信など、多様なブランディングを迫られている。令和以降「推し文化」が加速しているが、その一端にホストが関わっていることを理解できるだろう。

第4章では、ホスト側ではなく女性客側の視点から、「なぜホストに沼《ぬま》る（ハマる）のか」について読み解く。おそらく、読者の皆さんが素朴に最も気になる点ではないだろうか。当事者である若い世代の女性、そうした娘さんをもつ親御さん、そして若者の行動原理が気になる知的関心の高い皆さんにとって、ホストクラブで繰り広げられる姿が決して自分と無関係ではないと理解してもらえるはずだ。

第5章では、昨今問題となっているホストクラブにおける売掛問題について、「歌舞伎町の社会学」をライフワークとする筆者なりの提言を行なう。見えてくるのは、たんに売掛制度をなくせば問題が解決するわけではない現実だ。政府も対策に取り組む重大な問題について、歌舞伎町の論理を踏まえながら提起する。

そして最後の第6章では、歌舞伎町に象徴される現代の若者の価値観・消費行動を紐解く。結論を先取りすれば、筆者も当事者であるZ世代（1990年代半ばから2010年代前半生まれ）に顕著なのが、「ルッキズム×応援・界隈《かいわい》消費」だ。歌舞伎町は極端な場所だと思われるかもしれないが、若者の価値観が特筆して表れる「最前線」でもある。つまり、歌舞伎町の若者たち（ホスト当人や女性客たち）の行動原理は、若い世代全般の論理を読み解くヒントになるのである。

なお、本書は筆者の卒業論文「2010年代後半から2020年代前半『ホストクラブ』における労働者としての『ホスト』の在り方と価値形成」を下地に、大幅な加筆修正を施したものである。

筆者は2018年からホストクラブに継続的に通い続け、時にホストの「彼女」として客を見下してみたり、時に好きなホストに愛されなくて夜通し泣いたり、時に好きな男に大金を用意できない悔しさで涙したりと、歌舞伎町でホストに金を投じる当事者として生活を送り続けている。

そのため本論は「当該の文化の中で生まれ育ったネイティヴ自身が筆をとり、集団の内部者としての立場を踏まえ、内側からその文化について分析や考察を行う」[*3]ネイティヴ・エスノグラフィーの側面を有している。当事者としての属性をもつ筆者に対し、調査協力者が配慮した発言をしている可能性があり、一定のバイアスがかかっているかもしれない点に留意したい。

また、本書は一般読者向けの新書であるため、卒業論文をもとにしながらも体裁は適宜調整しており、学術論文のような堅いものではない。どうか肩の力を抜いて読み進めてほしい。

本書を読むことで、歌舞伎町をめぐる以下の謎に迫れるはずだ。

・ホストは売上を上げるためにどんな仕事をしているのか?
・ホストクラブで女性客が自分の身体を売ってまで大金を使うのはなぜか?
・昨今騒がれているホストクラブの売掛問題をどう解決すべきか?
・歌舞伎町をめぐる若者たちの姿は、彼ら彼女らのどんな価値観を表しているのか?

最後まで読み終えたときに「だからホストにハマってしまうのか」「歌舞伎町にはこんな搾取と依存の構造があるのか」と、少しでも感じてもらえれば幸いである。そして、歌舞伎町の異常とも言える構造は日常にも地続きに存在し、現代を生きる若者の行動原理や生きづらさに基づいていることを知ってほしい。

もともとホストクラブは、有閑階級のマダムのためにつくられた社交場であった。それがいまや「顧客のニーズ」と「働き手のニーズ」によって変容し、変革を迫られている。ホストクラブは「一部の金持ちの遊び」ではなくなっており、ホストクラブを知ることは、現代の若者が大金を投じてまで得たいもの・何かを犠牲にしてでも大金を得たい理由、すなわち消費行動を紐解くことになる。

それでは、600m四方の狭さでありながら「東洋一の歓楽街」と称される歌舞伎町から、若者のリアルを探っていこう。

歌舞伎町に沼《ぬま》る若者たち　目次

第1章　歌舞伎町・ホストクラブとはどんな場所か

第2章 ホストは究極の感情労働

第3章 ホストはアイドル化しているのか？

第4章 なぜ若い女性がホストにハマるのか

第5章 売掛問題解決のための緊急提言

第6章 歌舞伎町は若者の価値観の最前線

第1章 歌舞伎町・ホストクラブとはどんな場所か

歌舞伎町とは何か

新宿歌舞伎町。「眠らない街」とも言われる歓楽街であり、一度は足を運んだり、テレビのニュース等で人混みにあふれる光景を見たりしたことがある方も多いだろう。近年も宮藤《くどう》官九郎《かんくろう》脚本のドラマ『新宿野戦病院』（２０２４年）など、歌舞伎町を舞台にしたエンタメ作品は世に出続けている。

歌舞伎町はじつは、６００ｍ四方しかない小さな区画で、明治通り（東）、靖国通り（南）、ＪＲ中央線（西）、職安通り（北）の４つに囲まれた敷地（区間図版）である。ただし、新宿ゴールデン街よりも東の吉本興業東京本部のある一帯と、花道通り寄りの南新宿５丁目エリアは歌舞伎町外とするのが一般的だ。

ゴールデン街で普段飲んでいる住人のなかには、歌舞伎町のことを「川の向こう」と呼ぶ人がおり、歌舞伎町で何年も働いていてもゴールデン街に足を踏み入れたことのない人間はザラにいる。路地を一本挟むだけで、かなりの棲み分けがなされている。

社会学者の武岡暢《とおる》は『生き延びる都市　新宿歌舞伎町の社会学』[*4]の中で、歌舞伎町の街路空間を「ストリート」と表現し、「上からの管理が貫徹されるわけでもなければ、自由な営業活動が完全に放任されているわけでもない（中略）そうしたバランスの上に成り立つ、ストリート空間での諸活動」が行なわれているとしている。武岡が指摘するように、歌舞伎町の街路は非常に特徴的である。

武岡が実際にフィールドワークを行なっていたのは2008〜2014年、筆者が歌舞伎町に足を踏み入れたのは2015年末である。その後2015年4月、旧新宿コマ劇場跡地に、実物大のゴジラヘッドで有名な新宿東宝ビルが建てられ、2023年4月には、新宿TOKYU MILANOなどの跡地に東急歌舞伎町タワーが開業した。武岡が考察した時代以降、こうした大きな商業ビルの開業に加え、路上の風景も変化していく。

ホストクラブの看板が増加

歌舞伎町の中心はいまも変わらず、花道通りと区役所通りの交差点である。武岡によると、「一丁目には映画館のほかに飲食店やカラオケ店などが目立つのに対して、二丁目はラブホテルや接待系風俗店（キャバクラやホストクラブ）が集中している」[*5]とあるが、コロナ禍以降のホストバブルによって、ホストクラブの箱（店舗）が足りなくなり、一丁目にも複数の店が進出している。

また、ホストクラブの看板も一丁目に増え、セントラルロード（ゴジラロード）や新宿東宝ビルの近辺にも、巨大なLEDビジョンでホストクラブの広告が絶えず流れるようになった。「歌舞伎町はホストクラブの街」と言われるなか、セントラルロードの客引きはかつて一般客向けの飲食店がメインであったが、昨今はホストクラブの客引きも流入してきている。とくに新宿東宝ビル前はキャッチとスカウトが立ち並び、キッチンカーでの食品販売もたびたび行なわれ、通り道というよりも人びとがたむろする場所に

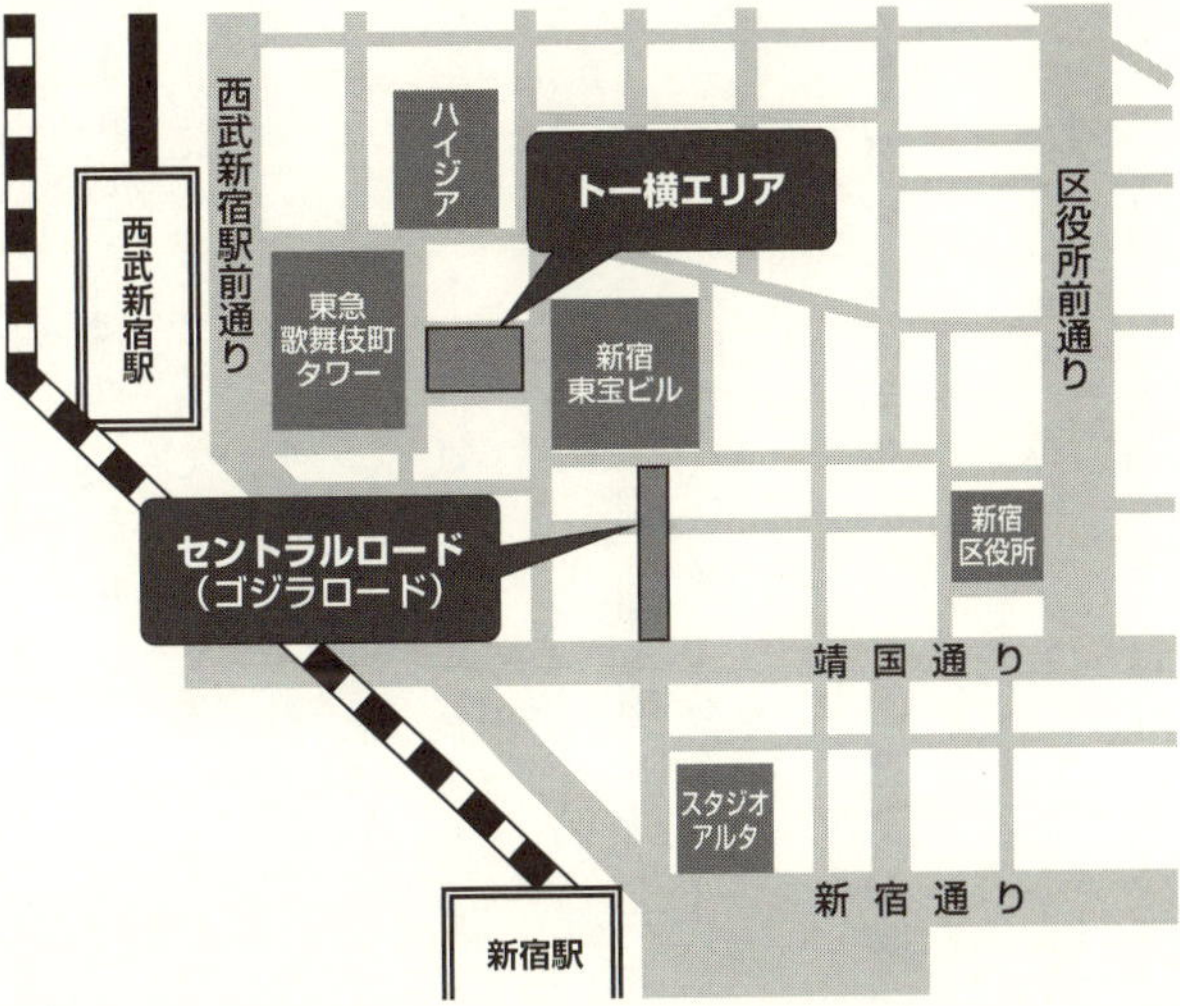

歌舞伎町の主要部（東京都生活文化スポーツ局、2024年4月4日報道資料をもとに作成）

変化している。

外国人にとっての有力コンテンツ

コロナ禍《か》が収束して以降、インバウンド需要が増えた歌舞伎町。最近では外国語のみの看板も登場し、ＫＴＶと言われる中国人観光客向けの個室カラオケキャバクラも展開されている。路上でテキーラを販売するキッチンカーも見られる。基本的に路上飲みが禁止されている諸外国からの観光客に向けて、街の雰囲気を楽しみながら飲める文化として、酒を積極的に販売しているようだ。

歌舞伎町の東宝新宿ビル近辺にたむろする未成年を中心とした少年少女の界隈、通称「トー横」界隈がかつて集まっていたシネシティ広場は2025年現在、たむろを防ぐために柵で囲まれている。しかしその結果、トー横のすぐ近くに、未成年から中年、外国人が段ボールを敷いて路上飲みに興じているのが現状である。

黒を基調としたゴシックな服装を好む、いわゆる「地雷系」の女性の服装を真似した外国人が「トー横気分」を味わっていることもある。あるホストによると、ホストクラブのプランを旅行サイトに掲載したところハワイから指名が来た、という話もあるほどだ。2020年代以降、歌舞伎町という街の文化は外国人にとって有力なコンテンツの一つと捉えられているのである。

コンカフェとホストクラブの違い

また、武岡がフィールドワークした時代と明確に違う路上風景として、コンセプトカフェの客引きの増加が挙げられるだろう。新宿東宝ビルとシネシティ広場の間の道を挟むように、夕方から深夜にかけて多くの客引きが並んでいる。

コンセプトカフェとは、「悪魔系」「妹系」など何かしらのコンセプトをもった服装や店内の内装でつくり上げた世界観で、カウンター越しに接客する店のことである。

風営法に引っかからないためには、「あくまでドリンクを提供する際に少し会話をしていただけ」という体裁を守る必要がある。そのためキャストは、テーブル席に座る客の隣や目の前に座らず、膝立ちやしゃがんで接客することが徹底されている。

風俗店ではないため、未成年の男女が勤務・来店できることも特徴だ。女性が接客するコンセプトカフェを「コンカフェ」、男性が接客するコンカフェを「メンズコンカフェ」の略で「メンコン」と呼ぶ。最低料金は１０００〜４０００円程度で、業態的にはガールズバー・ボーイズバーに近い。

また、働くキャストに提供する「キャストドリンク」を注文するほか、キャストの写真撮影は禁止だ。キャストのワンショット写真ないしは自分とのツーショットを撮りたければ、インスタントカメラ「チェキ」を１枚１０００円程度で注文しなくてはならない。地下アイドルの物販などでも採用されている「チェキ」や、店舗で使った金額（１

000円1ポイントなど）によるポイント制で、手紙（100ポイント）や店の外でのデートの特典が存在する。1500ポイント（150万円相当）を貯めればキャストと確実にディズニーに行ける！　というように、ホストやキャバクラよりも、推す手法や推した金額に対する特典が制度化されているのが特色だ。

こうした業態の店舗が歌舞伎町では近年増加しており、17時〜22時の間をピークに客引きがズラリと並んでいる。十代の少女が推しキャストのために30万円を超すシャンパンを注文するなどホストクラブとの類似点もあるが、入店のハードルが低く、価格帯も比較的安い。

さらにホストクラブと違って指名制度がないため、推しキャストをコロコロ変えてもいいし、複数推したりと、自由に遊ぶことができる。コンカフェは使った金額による店舗外の特典がポイント制で明確にあるのに対し、ホストは基本的に指名客へのリターンを個人の裁量で自由に設定できる（そのため、ホストの労働はかなり複雑で幅広くなる）。

ホストクラブは社交ダンスから始まった

ホストクラブは業態区分として許可制の風俗産業であり、「接待飲食等営業」に区分される。ホストクラブと言えば現在は歌舞伎町だが、ルーツは1965年に東京駅八重洲口前にオープンした「ナイト東京」であるとされている。ナイト東京は富裕層の女性が社交ダンスをすることを目的としており、店で個人事業主として活動する男性をパートナーに指名し、金銭を渡すという制度が元になっているのだ。

しかし、このシステムではホストが生計を立てるのは難しかったため、次第に女性を客として接客する女性専用クラブというホストクラブの原型が形成されていく。そこで頭角を表した愛田武《あいだたけし》（本名：榎本武）によって、1973年に歌舞伎町初のホストクラブ、「愛本店」が誕生する。愛本店はそれまでホスト側が店に支払っていた「場代」を撤廃し、最低時給を設けるなど現在のホストクラブのシステムの基礎をつくり上げてきた。

「ホスト」の価値を上げるためのシステムと設備

愛本店は2020年6月に建物の老朽化に伴い閉店するまで、老舗《しにせ》ホストクラブとして歌舞伎町に君臨し続けていた（2025年1月現在、新しく建設されたビルで営業を行なっている）。旧愛本店ではナイト東京のルーツを汲《く》み、女性がホストと社交ダンスを踊るためのステージが用意されていた。

しかし現在のホストクラブでは、女性が社交ダンスをするためのステージを設置している店舗は存在しない。代わりに、日の売り上げが最も高いホストが好きな曲を歌える「ラストソング」や、ホストたちがアイドルのようにダンスするといったパフォーマンスのためのステージが設置されている店舗は多い。ホストクラブでイメージしやすいシャンパンタワーなどはこのステージに設置されることが多く、女性客が主体となって輝くための「ステージ」から、ホストが女性客に金銭を投じてもらって輝くための場所へと変化してきたのだ。

全国から見た歌舞伎町

２０２５年1月時点で、歌舞伎町に登録されているホストクラブは２７４店舗ある。[*6] 対して歌舞伎町を除いた東京エリアは池袋・八王子といったすべての地区を合わせてわずか23店舗しか存在しない。

全国で見ると、歌舞伎町に次いで多いのは大阪ミナミの１５９店舗、次いで名古屋の88店舗、ススキノの66店舗である。「ホストと言えば歌舞伎町」というイメージが強いのは、店舗数からも歴然だ。大手グループは地方に出店することで、地方のホストと歌舞伎町のホストを同じ枠で競わせ、闘争心を煽《あお》っている。

飲み代は、以前は地方では酒の単価が安く、ＴＡＸ（サービス税）も低かった。ところが２０２０年頃から歌舞伎町の大手グループが参入したことにより歌舞伎町のシステムが導入され、地元の相場よりも高い価格帯での展開が始まった。ホストの流行なども基本的には歌舞伎町を中心に形成されており、歌舞伎町でナンバーワンを獲ることが、ホスト業界でナンバーワンを獲ることとされているのである。

大手グループのシェア率

続いて、歌舞伎町のホストクラブの勢力関係を見ていく。近年の歌舞伎町は、主に個人経営や数店舗から成り立つ個人店・小グループ店舗と、全国展開をしている大手グループが存在する。大手9グループは歌舞伎町での店舗展開数が2桁を超えており、9グループだけで歌舞伎町の半分以上の店舗を占める。

歌舞伎町に展開する店舗数は2024年4月時点で、2位のACQUAグループは24店舗、1位の業界最大手であるグループダンディーが42店舗である。[*7] ホストたちは自身が所属する店舗でのナンバーワン争いだけでなく、このような所属グループ全体のランキング争いを視野に入れて働いている。大手グループに所属していることは歌舞伎町で非常にわかりやすく制度化された資本であり、自分たちの所属しているグループにキャストたちはさまざまな思いを抱えながら働いているのである。

ホストクラブの規模

歌舞伎町に300店舗近く存在するホストクラブは、すべてが同じような規模で展開されているわけではない。店舗の広さやキャストの在籍人数に合わせて、「小箱」「中箱」「大箱」と大まかに分けられている。キャスト人数が15人以下の店舗を「小箱」、50人以上の店舗を「大箱」、その中間の店舗を「中箱」と呼んでいる。

キャスト人数が100人を超える店舗は「超大箱」と呼ばれ、歌舞伎町にも数店舗しか存在しない。超大箱・大箱は店の競争レベルが高く、内装も豪華である。

「いまはキャストの人数だけでなく、坪数がステータスになります。大箱は80坪以上、超大箱は100坪以上。坪数でPRすることが多いです」（ホストクラブ経営者）

一方で、小箱ではナンバーワンになれる売上でも、歌舞伎町のホストクラブ全体のトップ10に食い込めないというケースもザラにある。それは客側も同じであり、小箱では月に100万円を使えば賞賛されるが、大箱では当たり前のように捉えられる。そのためキャストも客も、自分にとってちょうどいい規模の店舗で、自らの居心地のいい環境を求める傾向にある。

ホストクラブのシステム

ここからはホストクラブ「Z」(仮名)を対象に、ホストクラブのシステムについて詳細に見ていく。Zは歌舞伎町の大手グループに所属する中箱の店舗である。売れっ子ホストから新人まで幅広いキャストが在籍しており、社長の業界歴が長く、システムの従来的な部分と新規の部分について理解が深いため、ホストクラブ全体の傾向をつかめるだろう。もちろん、各グループや店舗によって文化の違いはあるが、ホストクラブの大まかなシステムは相違ない。Zの店舗オリジナルのシステムやルールが出てきた場合は、都度記述する。

①ホストクラブの営業の流れ

ホストクラブZの営業時間は20時～25時である。Zのホームページには「24時30分」までと記載されているが、実際は24時30分から「送り出し」と呼ばれる、客の帰りを見送る時間に入る。そのため、24時30分まではすべての注文と会計が終わり、25時までに顧客を完全に退店させる。

売上のないホストは「掃除組」と呼ばれ、営業前の店舗の清掃業務を担う。そのため早い時間の出勤を求められる店舗もあるが、Zは掃除業者を雇用しているので清掃業務は存在しない。売上の低いホストは19時に出勤し、開店準備のみを行なう。19時半から「朝礼」が始まり、Zでは全員一斉にSNSで投稿する時間が設けられている。SNSでの活動が労働に組み込まれているのだ。朝礼ではチームごとの目標や、店舗からの伝達事項、注意点などがアナウンスされる。

そして20時から開店、客が来店する。その後、23時15分にシャンパンコールのラストオーダーが取られ、23時にはフードのラストオーダー、23時45分にはドリンクのラストオーダーが終わる。ここまでの会計でホストクラブはその日1日の売上を締め、ラストソングの準備に移る。ラストソングを決めるため、店舗のラストオーダーはラストソングよりも早い時間に行なわれる。24時からのラストソングが終わると、しばらく接客の時間に。そして25時の退店後、終礼や掃除をして退勤となる。

②ホストクラブの営業時間

現在、歌舞伎町のホストクラブは風営法により、深夜営業が禁止されている。地方のホストクラブでは深夜営業の店舗が存在したり、夜から始まる店を「1部」、深夜から始まる店を「2部」と呼称したりするが、歌舞伎町は「19（20）時～25時までの1部店」と「朝6時～11（12）時頃までの2部店」の完全2部営業制である。2部は別名「朝ホス」と呼ばれ、顧客やキャストがどちらの店舗に通っているか・働いているかがよく自己紹介で用いられる。

「2部が好きって子は、キャバクラとか風俗店で朝まで働いてた子とか、バーで朝まで飲んでそのノリで来るって子が多いイメージ。だから2部は治安悪いとか、めっちゃ酒飲むってイメージが強いかなぁ。大手はそんなことないかもだけど、昔からの2部はひたすら飲むって印象。2部ホストで働いてると、俺は売上あるから9時出勤とかで12時くらいに仕事が終わる。だから普通の社会人みたいな生活リズムで働ける。その分、女の子に外で時間を使えるから効率いいかな。アフターの場所が深夜より選択肢が多いのもありがたいしね」

（20代ホスト・月間1200万プレイヤー）

③ホストの出勤時間

前述したように、掃除組のホストは出勤時間が19時だが、売上が高かったり役職に就いていたりすると、出勤時間が遅くても罰金が取られない仕組みになっている。ただし規定時間から遅刻すると。10分ごとに500円の罰金が加算される。

④ホストクラブの料金システム

ホストクラブではドリンク代・シャンパン代といった飲食の代金以外に、「TC：テーブルチャージ」「指名料」「セット料金」がかかる。セット料金は時間制、もしくはフリータイムで選ぶことができる。この3つに飲食代を追加した金額が「小計」である。ここから消費税10％と、さらにサービス料で38％のTAXがかかる。

これらの合計が「総計」と呼ばれ、客はこの金額を支払う。ホストから「10万円のシャンパンおろしてよ！」と言われても、実際の会計は15万円近くになる。こうしたシステムに歌舞伎町の住人は慣れているため、度重なる増税も「ホストクラブのTAXよりはマシ！」と割り切ってはいるのだが、結局何に対するサービス料なのかは未解明のままである。

⑤ホストクラブの高額メニューに付随する効果について

ホストクラブでは、一定の金額以上のシャンパンや飾りボトルと呼ばれる高額注文をすると、シャンパンコールが行なわれる。Zでは小計5万円以上が該当する。

シャンパンコールは金額によって音楽とキャストの人数が変わり、もちろん高額なほど豪華になる。頑張ってシャンパンを入れてコールを楽しんだのに、そのあと別の客がもっと高額のシャンパンをおろしてコールが流れ始めたときの敗北感はホストクラブならではだ。いざシャンパンを入れても、金額によって細かく階級が決められる世知辛いシステムである。

筆者も実際、シャンパンコール中に指名ホストから「もう一本もらっていいですか？」と煽られ、複数のホストに囲まれて注目を浴び、横には好きな男が期待した眼差しでこちらを見ている……という空気に負けて了承し、会計が釣り上がって翌日大後悔。見栄を張ると「カモ」になりやすいことを痛感した。

⑥ホストクラブでの服装規定・髪型

一昔前のホストクラブと言えば、全員スーツ着用が普通であった。ところが、いまではほとんどが私服出勤だ。２０１０年代には私服で出勤するホストが「ネオホス」と言われていたが、現在は私服が当たり前。パジャマのような格好で出勤するホストもいる。Ｚも基本的に私服での勤務だ。ハイブランドアイテムをかけ合わせるスタイルがオーソドックスだが、個性が強いホストは衣装のような格好をするなど、それぞれの持ち味を存分に発揮している。

⑦ホストクラブ店舗内での接客業務の分類

ホストクラブでの接客は主に「初回接客」「指名接客」「ヘルプ接客」に分けられる。

⑴初回

初回はその名のとおり、初めてホストクラブに足を運び、指名のいない状態の客である。彼女たちは一律3000円の飲み放題で入店し、指名のホストを選ぶための「お試し」のような時間を過ごす。5～10分間でホストが入れ替わり立ち替わり接客を行なう。そして最も印象に残ったキャストを最後に「送り指名」し、もう一度接客を受けたうえでそのホストに店外まで送り出される。

その後ホストは、LINEや電話、店の外で会うといった手法で次回の来店時に自分を指名してもらえるように努力する。客は複数のホストと連絡を取るなかで、次回来店時には1人のホストを指名しなければならない。ホストクラブは、指名するキャストを一度決めると基本的に変更不可の「永久指名制」のため、指名選びは慎重になる。

筆者は何度も顔のタイプで指名して後悔してきた。やる気のあるホストは最初からLINEが丁寧であることにようやく気づき、いまでは良いホストを指名する目が養われてきたように思う。

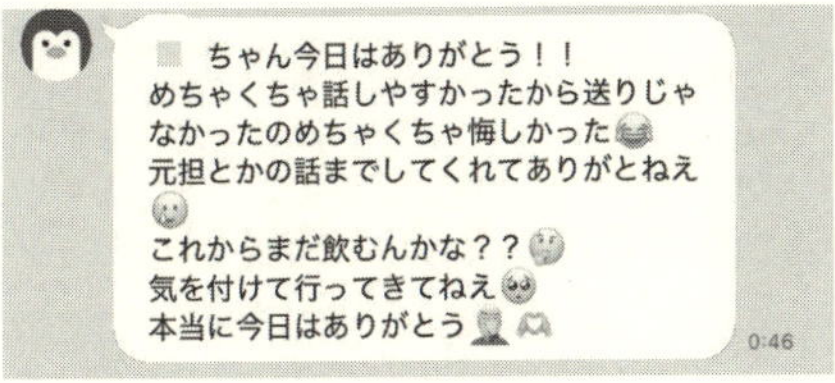
ちゃん今日はありがとう！！
めちゃくちゃ話しやすかったから送りじゃ
なかったのめちゃくちゃ悔しかった
元担とかの話までしてくれてありがとねえ
これからまだ飲むんかな？？
気を付けて行ってきてねえ
本当に今日はありがとう
0:46
筆者に「送り営業」をかけるホストのLINE

(2)指名

客が1人のホストを選ぶと「指名」になる。ホストは指名されると客の隣に座ることができ、客の使った金額がすべて自分の売上になる。初回接客から指名接客に切り替わると、いままで連絡を取っていたが指名を取れなかったホストは客の連絡先を削除しなければならない。

「担当制」には強い効力があり、指名することで初めてホストと客、ひいては「王子と姫」になるのである。普通のカップルだと少しキザなサプライズや言葉も「王子」からのサービスだと思うとロマンチックに感じられる。筆者が指名していたとあるホストは、指名して1カ月の記念日に薔薇《ばら》の花束とケーキを用意してくれた。彼氏だと「ちょっと重いかも……」となるのだが、ホストだと「仕事できる！　嬉しい！　シャンパンおろしちゃお！」とついつい財布の紐が緩むのだ。歌舞伎町での指名は「3カ月続くと長い」と言われるほど切れやすい関係性のため、長続きする指名に出会えることは、ホストと客どちらにとっても喜ばしいことなのである。

(3)ヘルプ

初回では次々にホストが入れ替わり、基本的に1対1の状態で接客する。指名接客になると担当ホストが客の横に座り、それ以外のホストが「ヘルプ」としてテーブルにつく。担当ホストは他の指名客や初回、他のテーブルのヘルプ業務などつねに客の隣にいるわけではない。そのため、担当ホストがいない間や、いる間の盛り上げ役として必要なのがヘルプ接客である。時には担当以上に親密になり、客から悩み相談を受けたり、裏で担当ホストに頼まれた任務をこなしたりなど、ホストクラブのチームプレイの特色が見られるのがヘルプ接客である。

⑧ホストクラブの内勤業務

ホストクラブにはいま述べたような接客をする「キャスト」のほか、内勤と呼ばれる業務がある。キャバクラでいう黒服業務に近いが、キャバクラと違い、氷の交換などはキャストも立って行なう。

内勤の主な業務は店舗の潤滑な運営である。具体的な業務としては、初回接客のキャストを選んで順番を決める「つけ回し」やホスト同士のトラブル仲裁、会計の計算、売上管理、キャストの給料を手渡しするため封筒に入れる給与詰めなど多岐にわたる。元ホストが担うことがほとんどであった内勤業務だが、最近は芸人のアルバイトとしての需要や、内勤業務専門の求人ルートも開かれている。

⑨ホストクラブの求人活動

ホストクラブのリクルートとしては、路上での声掛けから始まり、スカウト経由、人の紹介、SNSなどがある。とくに最近はYouTubeやTikTokからの求人が増加している。ホストクラブで働くことによるわかりやすい成功例をSNSで示したり、「この人のもとで働きたい」と思わせるようなブランディングを行なうなど、慢性的な人手不足であるホストクラブはあの手この手で新規従業員の獲得に動いている。

⑩店の外でのホストの業務

ホストの仕事は店内接客だけにとどまらない。顧客との日々の連絡、SNSの更新、営業前に客と会ってそのまま店に連れて行く「同伴」、店で接客した顧客と営業後も時間を過ごす「アフター」、休みの日やその日店に来ていない顧客と店の外で会う「店外」などがある。

行き先は人それぞれだが、「ホス狂い」としては「歌舞伎町からどれだけ離れた場所に連れて行ってくれるか」が1つの判断基準である。歌舞伎町の店舗の近くでご飯だけ食べる同伴よりも、昼過ぎから他の街でデートしてくれる同伴のほうが価値が高い。それだけ自分にコストをかけてくれていると実感できるからだ。

店外では、宿泊を伴う旅行に連れて行ってもらえる場合もある。ホストクラブは店内での接客が基本ではあるが、結果的に金を払う場所としてホストクラブが存在するのであって、客は普段の連絡や店の外での時間などもホストが与えてくれた価値と感じ、その対価として店舗で金を使うのである。

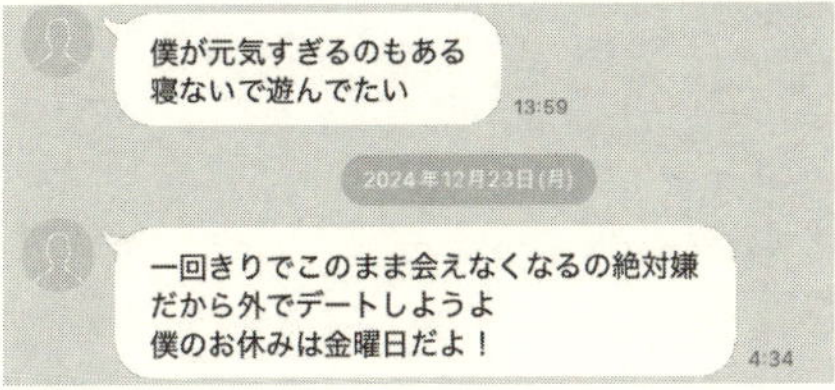
僕が元気すぎるのもある
寝ないで遊んでたい
13:59
2024年12月23日(月)
一回きりでこのまま会えなくなるの絶対嫌
だから外でデートしようよ
僕のお休みは金曜日だよ！
4:34
筆者に店外での休日デートを誘い「育て」ようとするホストのLINE

ホストの売上・評価システム

ホストクラブの評価基準は一貫して「売上至上主義」が貫かれている。売上による評価は、「人気」や「魅力」といった曖昧な価値の基準を数字で計測・比較可能なものにする。１日単位だとラストソング、月単位でナンバー（順位）、そして年間単位で年間ナンバーが決まる。店舗によって売上による昇格基準が設けられており、給与とともに役職も上がる。

役職は店舗によってさまざまだが、下から順にヒラ、リーダー、幹部補佐、副主任、主任、支配人、総支配人、代表、社長などがある。基本的に総支配人までは売上によって複数人存在する。この「昇格」はホストとしての権威であるため、歌舞伎町で継続的に売れ、出世する指標としてホストたちは重要視している。

　売上によって「ナンバー」が決まるが、記録として樹立されるのは「月間1000万円」からである。彼らはそれによって「1000万プレイヤー」と名乗ることができる。大手ホスト情報サイトやSNSにも、彼らは役職・そして月間何千万円という連続記録や最高売上記録を掲載している。

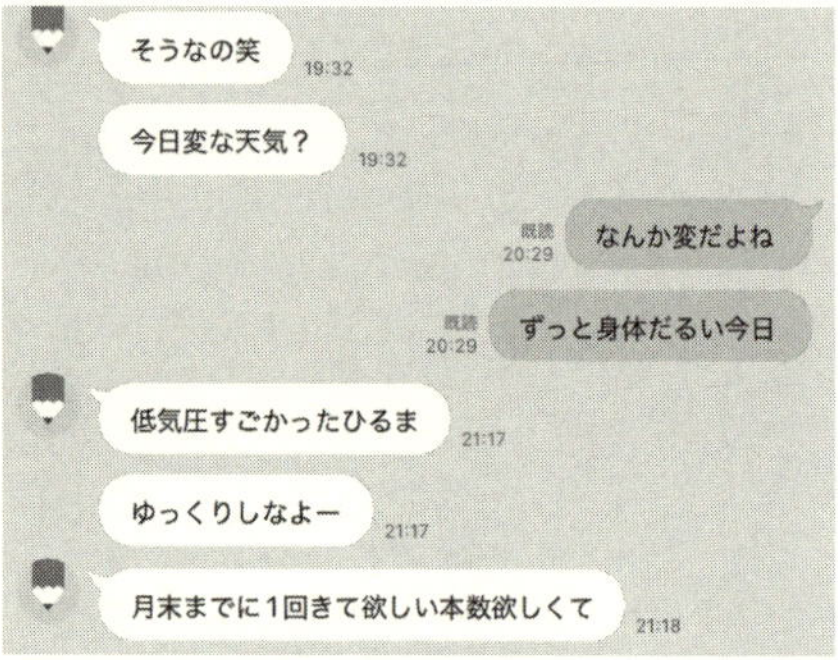

筆者に「本数営業」をかけるホストのLINE

　もう一つ、「指名本数ランキング」という評価基準がある。1カ月の「来店数」を競う記録で、1日に3人の客が来店すれば「3本」とカウントされ、1人の客が1カ月で10回来店すれば10本が計上される。1人の客だけでほとんどの売上を保っている状態を

「１本釣り」と呼び、ホスト業界では「ダサい」として、あまり良くない見方をされることがある。それならば10人の顧客で同じ売上をつくるほうが、指名本数も売上も安定しているカッコイイ売り方だと見なされるのだ。売上の大台は月間１０００万円、そして指名本数の大台は月間１００本・年間１０００本からとされている。

ホストとキャバクラはどう違うのか？

ここまでホストクラブの基本的なシステムについて説明したが、同じく接待等飲食営業に該当するキャバクラとはどのような違いがあるのか。

武岡は「キャバクラでは主として男性客が『女性従業員（＝キャスト）と会話しながら飲食すること』に対して対価を支払う」[*8]とし、その接待と呼ばれる特殊なサービスの売買こそがキャバクラを強く規定する中核的な要素であるとしている。「基本的にキャバクラにおけるサービス提供者と消費者のジェンダーを入れ替えたような業態」[*9]であるホストクラブだが、武岡も、ホストクラブが業態の内実においてジェンダー対照的な存在であるとは言い難いと指摘している。その最大の理由は、ホストクラブの永久指名制度にあるという。

「ところが、指名を変えられない、ということの一点において、指名制度は大きく異なる帰結を導く。ホストクラブでの接客において主導権を握るのは、客ではなくホストなのである。つまり、客がホストの歓心を買おうとする、という構図が観察されるのだ。もちろん、客はホストに満足しなければ店に来なければいいのだが、どこかで逆転した認識枠組みが生まれ、もはや変更することのできない指名をしたホストに対して、来店して売上を上げさせることで、関心を引こうとするのである[*10]」

たしかに、キャバクラとの違いとして永久指名制度の存在は大きい。しかし、接客においても客よりもキャストが主導権を握るのは、キャバクラでもありうる構図である。ホストクラブの永久指名制度によるキャバクラとの違いは、筆者が考えるに次の2点だ。

1つ目は、ホストは永久指名を獲得するため、客に「育て」と呼ばれる先行投資をすることだ。キャバクラはホストクラブに比べ最低料金も低く、指名替えが容易なため、客も「とりあえず」での指名が可能である。しかしホストクラブは永久指名制のため、客が指名に慎重になりやすい。そのためホストは、指名を得るために毎日の連絡や電話、時には店の外で食事をするなど時間を投資し、今後の指名客を獲得するという労働がキャバ嬢よりも発生しやすいのだ。

２つ目に、ホストクラブではキャスト間のチームワークが発揮されやすいことだ。永久指名制度によって店舗内で指名客を奪うことができないため、指名以外のヘルプホストたちは、チームとして指名ホストをサポートする業務に徹することになる。ホストクラブではこうしたチームワークが生まれることも、キャバクラとの違いだろう。

店以外の支払いはすべてホスト側が負担する

また、ジェンダー規範に基づくキャバクラとホストクラブの違いもある。それは、キャバクラでは店舗外で客と過ごした際に発生する費用を客側が負担するのに対し、ホストクラブではホスト側が負担することだ。給料を前借りしてでも店の外では客に投資するホストも存在する。これはホストの「男らしさ」に対する価値観と、客側のニーズが合致した結果とも言える。

「店の中では、誰よりも男をお客様に立ててもらっている。だから店の外で女の子を立ててエスコートするのは当たり前。普通の男以上に男らしく振る舞うことが求められるのがホスト。結果的に店の外では電車移動はダサいからタクシー移動が多いし、高い店を予約したりハイブランドのプレゼントを渡すといった行為で女性を喜ばせることが求められるんだよね」

（20代ホスト・月間2000万プレイヤー）

このような「男らしさ」の価値観がホストクラブには存在する。実際に店の外でのサービスとして提供されているため、キャバクラと違って女性客が「ホストにどれだけ金銭をかけてもらえているか」という点が評価基準に入り込むことになる。営業後のアフターの場所が毎回自宅だとケチられているように感じる、誕生日にもらったプレゼントの金額が低いと落ち込む、などである。ホストクラブに通う女性は、指名ホストからの店舗外の時間・金銭によるリターンを「還元」と呼び、「私の担当（指名ホスト）は還元率が良い・悪い」といった評価軸をもつ。

ホストの特徴は、客に対して営業時間外の「時間」の提供や後述する枕営業などの「性的サービス」だけではなく、金銭による奉仕と提供も行なうことだと言える。

こうしたホストの特殊性について、ジェンダー研究者のアキコ・タケヤマは「ホストが金で女性的な役割を演じる時、不自然に見え、逸脱的で欺瞞的で下品であると見做される」上で「ホストは自身の規範的非対称性をよく理解している」と述べている。[*11] 女性的な感情労働を強いられつつも、男らしさというジェンダー規範を商品にしているホストの特殊性が垣間見えるだろう。

第１章のまとめ

- ホストクラブは社交ダンスから始まった。
- 歌舞伎町がホストクラブのなかで「聖地」であることは、店舗数の多さからも歴然。
- ホストクラブは「永久指名制」。指名するキャストを一度決めると、基本的に変えられない。
- ホストクラブは売上至上主義。数字、結果がすべて。
- 客と店外で会うときの支払いはすべてホストが負担。「男らしさ」というジェンダー規範が残っている。

第2章 ホストは究極の感情労働

どんな若者がホストになるのか

本章では、ホストの労働をさらに深掘りしていく。歌舞伎町最大手のホストクラブ・グループダンディの所属ホストは総勢1200人以上。ホストを始める経緯はじつにさまざまだが、大半のモチベーションは「大金を稼ぐ」ことにある。

街を歩けば煌《きら》びやかな看板やトラックに「1000万プレイヤー」「年間売上2億円」など華々しい数字が並ぶ。年齢不問・学歴不問・前科不問（!）で、どんな人間にも大金を稼ぐチャンスがある「敗者復活戦」のような街が歌舞伎町だ。

「高校卒業してFラン大学行って就職して営業の仕事やってたんですけど、手取りが20万円くらいで。毎日働いてこれかーと思ったら、ホストやってみようって思って。結果的に20代で売上は1億円超え、年収数千万円なんで、後悔してないっすね」

（20代ホスト・年間1億プレイヤー）

「高校卒業して地元で半グレっていうか、詐欺の元締めみたいなのやってて。逮捕されて1年ちょっと刑務所いて。出たあとは地元のバーで働いてたけど、先輩に誘われてホスト始めた。もう俺は夜の世界で生きていくしかないから、昼に戻らない覚悟で手の甲にタトゥーも入れたんだよね」

（20代ホスト・月間１０００万プレイヤー）

早稲田や慶應といった有名大学に通いながらホストをする者から、地方出身の元鳶《とび》職までさまざまなバックグラウンドをもつ彼ら。一貫しているのは、最低限の清潔感とコミュニケーション能力があることだ。あとは野心をもち、健康であることもホストをこなしていく必要条件だろう。

青天井の給与・最低賃金以下の日給

ホストの給料は大まかに言えば「店で客が使ってくれた金額の約半分」である。こうした折半の給与がもらえるまでの1日の売上の基準は、店舗によるが最低50万〜100万円程度。それ以下の売上のものは日給5000〜1万円で働くことになる。売上のないホストはオープン時刻の1時間前ほど前から出勤して店の用意をする。20時〜25時の勤務と合わせて6時間の労働。ヘアメイク代で1000円引かれることを考えると、最低賃金以下の時給となる。

売れれば月収数百万円、豪華な食事にタクシー生活、タワマンに住んで東京を謳歌。売れなければ先輩の腰巾着となってご飯を奢《おご》ってもらう日々、給料を前借りして食いつなぎ、狭い寮生活という真逆の生活が待っている。

先日、筆者のもとにヘルプでついてくれたホストは、上京3カ月目。TikTokでホストクラブの様子を見て「ここで働きたい！」と一念発起したのだという。同じ時期に入店したホストと狭い寮の二段ベッドで生活している。

ホストクラブのなかには上京費用を支援したり、寮費を数カ月無料にしてくれたりと、支援が手厚い店舗もある。「持ち物は己の身体一つあれば良い！」という感覚は聞こえはいいが、裏を返せば「自分」がもつものをすべて労働資本として投入しなければ成り上がれない仕事でもあるのだ。

原価の10倍の値段で酒を売る仕事

ホストは「接客業」である。原価よりも高い酒を客と飲み、接客サービスをすることで給与を得ている。しかし当然、原価よりも高い酒を共に飲む価値があると思ってもらわなければ指名されない。

有名ホストならば「一目会いたい」とアイドルのように初っ端から大金を積んでくれる客もいるが、往々にして新人ホストの下積み時代は泥臭い。店の外で客と会って時間を費やし、自分のことを「好きになってもらう」必要がある。そのための先行投資をしてもなかなか来店につながらず、前借りの金額だけが膨《ふく》れ上がるホストは大勢いる。

ホストの時間価値は、売上によってどんどん吊り上がっていく。無名な新人ホストは営業時間外に客とＬＩＮＥや電話をし、時にデートを重ねる。こうした時間外労働の末、ようやく自分に価値が生まれる。接客能力や知名度が低いホストが売れるものは、自分の「時間」しかないからだ。

しかし、ホストとして売れたからといって、一切の時間外労働をしなくていいわけではない。高額なシャンパンを入れてくれる客のために、店が休みの日でも予定を空け、自分にお金を出すために風俗をやっている客が気を病《や》めば、「メンタルケア（通称メンケア）」を行なう。地方の風俗に出稼ぎに行く客をホストが東京駅まで送り迎えすることもある。

ホストとしての仕事に24時間を注ぐ

「つねにホストとして過ごしていないと売れないなって思って。一人で寝るときは1時間おきにアラームかけて、全員のLINEを返信して。午前中に家事とかは済ませて、食事はつねにお客さんと一緒。ウーバーイーツを頼むくらいなら女の子と食事して、また次の子とはシーシャに行って。女の子が『まだ一緒にいたいな……』って思うタイミングで切り上げて、来店につなげる。同伴して店で酒飲んで、アフターも女の子3人くらいハシゴ。家に帰って寝たいけど、女の子と添い寝するだけでも『お前には気を許してる』って感じになるので一緒に寝たりしてたなぁ。月1000万円を売り続けるための初速はこんな感じ。売れたらブランドがつくから多少楽になったかな。花見の季節とか、3日で11人と桜見たよ……」（20代ホスト・年間1億プレイヤー）

時間外労働を一切しないホストはゼロと言っても過言ではないだろう。たとえ同伴やアフターといった客と1対1の時間は使わないにしても、営業時間外にLINEを返し、電話をするといった労働は確実に行なわれている。前述のホストは、客に「気を許している」と演出するために、店の外で一緒に寝ていた。こうしたホストの労働は接客・サービス業の中でも「感情労働」に分類できる。

感情労働とは何か

感情労働とは、社会学者のA・R・ホックシールドが著書『管理される心：感情が商品になるとき』[12]で提唱した概念である。人間はしばしば、葬式では悲しそうにするべきといったTPOに則《のっと》った「感情規則」を使いながらコミュニケーションする。こうした「〜すべき」感情を商業的に使用するのが感情労働だ。ホックシールドは客室乗務員を事例として挙げていたが、社会学では主に医療・介護の現場の労働を分析するにあたり、感情労働概念が用いられてきた。

感情労働を遂行するためには、具体的に「表層演技」と「深層演技」という2種類の演技がなされるとされている。

表層演技は、自分が本当に感じていることを他者に対して誤魔化しているが、自分自身は誤魔化していない。

対して深層演技は、他者を欺《あざむ》くのと同時に自分自身の感情もコントロールし、欺こうとすることである。

「客キモッ！」と思いながら「お兄さんに会えて嬉しい！」とニコニコする風俗嬢は表層演技で、「私はエッチが大好きな女の子で、本当の恋人のように相手を癒《いや》すの……」と自分をも騙して接客する風俗嬢は深層演技をしていると言える。

またホックシールドは、この2つの演技が労働者に強いられることで、バーンアウト（燃え尽き症候群）などの問題が生じることを論じている。仕事で偽の感情を生み出すこと、そして自らその感情を生み出すために自分自身を欺くことを四六時中行なうとすると、かなりの労力が必要とされる。自分の感情のやり場を失うことにもなりかねない。

「俺の中でホストとしてあるべき姿として『感情を殺す』ってのがあるんよ。たとえばさ、今日俺の親が死んで、すげぇ悲しいとするじゃん。でも、お金払って飲みに来てるお客様には関係ないじゃん。俺と楽しく飲むために来てるから。だから私情を殺すの。自分がどう思ってるかは関係ない。いつも冷水のシャワーを5分浴びて、ヘアメイクをして店に入るとスイッチが切り替わる。でもたまに地元の友達とか、ホスト以外の知り合いが店に来ると、うまく感情を殺せなくて自分でも『いまホストできてないなぁ』とか、そういう気持ちになるな」（30代ホスト・年間1億プレイヤー）

彼のように自分の感情を押し殺し、客の前であるべき姿を見せるのはまさしく「感情労働」であろう。しかし、ホストの感情労働はそれだけではない。客室乗務員はつねに笑顔で客に寄り添うべき、葬式では悲しそうにするべき、といった決まった「感情規則」が、ホストと客には存在しない。そのため、ホストはただ相手が求める感情を発露するだけではなく、相手の感情を揺さぶるべく自分の感情をもコントロールする。

ホスト特有の感情労働

そもそも、ホストの労働のゴールとは何か。それはやはり、客により多くの金を使わせることである。金を使ってもらうために接客し、自分自身と客の関係を構築し、誘惑する。

すべての感情は売上を上げるために管理し、発露させる必要がある。要は自分自身を欺き顧客に愛の言葉を振りまいても、結果的に客である女性の心に刺さり、トキメかせ、売上として返ってこなくては意味がない。その点においてホストクラブは、自分の感情の管理を主体とする他のサービス業とは一線を画すのである。

　こうしたホストの感情労働についてアキコ・タケヤマは、相手の心を誘惑することで操作し満足させたうえで、客側をホスト自身の目的に奉仕するように潜在的に誘うことも感情労働として含まれていると主張する。[*13]

「相手のことを好きなフリをする」だけではなく、「相手にそれを信じ込ませ、相手に自分のことを好きにさせたうえで、大金を使ってもらう価値があると感じさせる」というのが、ホストの感情労働の目標だ。そのためただ相手を喜ばせるだけではなく、時に傷つけたり悲しませたりと、感情に「波」をつくる。表面的には対等な立場を取るとしても、自分の利益のために相手を動かすための労働が必要になるのだ。行きすぎると「洗脳」「マインドコントロール」にもつながりかねない。

　ホスト以外にもこうした感情労働を行なっている例が、作家を相手にする編集者である。互いにパワーバランスの違いはあれど、ともに仕事相手を選べる立場にある。編集者は時に作家を褒《ほ》めちぎり、時に叱咤激励《しったげきれい》し、やる気を出させるのが仕事だ。自分自身の感情をコントロールしながらも、作家により良い作品を書いてもらうよう「誘惑」するのである。

筆者の周りの作家と編集者の話を聞いていると、「私（作家）のことが嫌いだから編集者があんまり構ってくれないんだ！」とか「恋人の作家に編集者として厳しい言葉を言うと人格否定になりそうで悩んでいる」とか、ホストと姫か？　と思わされることが多い。編集者に限らず、自分の感情だけではなく、相手の感情を利用して自分の労働に利益をもち出そうとする人間は、少なくとも既存の感情労働よりも一段階過酷な労働を行なっていると言える。

「18歳くらいのとき、客とわざと喧嘩してたな。店に入ってきてから喧嘩して、シャンパン入れてもらって、仲直りして前よりラブラブになるみたいな。相手に非があるときにキレて、席もわざとつかなかったりして、女の子が金使ったら機嫌直して自分も謝る。指名したら楽しいってだけだとすぐに他のホストに取られたりするから、喧嘩を繰り返したりぶつかることで関係性が深いって気持ちにさせるんだよね」（20代・ホスト）

こうした感情の起伏をホストが意図的に演出していることは、客もある程度理解している。そうした演出も込みで、ホストクラブという場所でのホスト遊びを楽しんでいるのだ。

「不幸も幸せも、その感情の起伏すべてを買っているのだ。お金を払ったら絶対幸せになれるなんて、そんなのクソくらえだ、つまらない」（拙著『歌舞伎町モラトリアム』[*14]）

ホストが客と関係性を構築していくプロセスは、ＬＩＮＥに始まり電話、食事など多岐にわたる。「自分を好きになってもらう」まで先行投資し、客として自分にハマってからはその状態を「維持」するためのコストがかかってくる。

ＬＩＮＥをしてもらう、電話をしてもらう、食事に連れて行ってもらうために、店で金を落とす。「飲みたいときだけ連絡し、店で金額相応の接客をしてもらう」だけならこのような対応にはならない。ホストに通う客の多くは、ホストとの日々のコミュニケーションを軸にホスト通いをしており、関係性を保つために高額なサブスクリプションに入会しているようなものなのだ。

「使う金額下げたら、私の扱い悪くなるんだろうなって考えちゃって、月アベ（月にホストに使う平均金額のこと）落とせないです。売れてるホストほど、痛い客は自分で切れるから。売上がないホストは客のほうが立場が上かもしれないですけど、大抵はホストのほうが上だと思います。嫌われたくないからお金を使う。いらないって言われたくない」

（20代・風俗嬢）

ホストが客と築く関係性

ホストが客に対して行なう接客および営業には、それぞれ名前がつけられている。酒を大量に飲む「飲み営業」、わざと男らしい横柄《おうへい》な態度で女性に接する「オラオラ営業」、客に好意があるように振る舞う「色恋営業」から、彼女として付き合いながら店に呼ぶ「本カノ営業」。近年では、店の外での時間外労働を極力削り、SNSでの発信やブランディングによって付加価値を上げ、店内での接客に絞る「アイドル営業」という手法もある。

「ホストは接客で楽しませるのがプロ」という風潮は昔から存在する。店舗という限定された労働空間だけでの接客はホストの精神的負担が少ないが、一方で「オフタイム」の共有がないため、特別感や素顔感を客に感じさせることが難しい。

店内ではキラキラした姿を見せ、二人きりで昼間に会うときはヘアメイクをしていないナチュラルな状態で会うことで日常感を演出するホストもいる。あるいは、客の前ではつねにスーツ、ビシッとしたヘアメイクで「ホスト」としての自分を魅《み》せる者もいる。客の好みに合わせながら、自分が得意なやり方で客との関係を演出し、感情を誘惑すべく労働するのだ。

色恋・本営に付随する枕営業

客と性行為を行なう「枕営業」は、表立っては「ダサい」と言われているが、ホストの間では一般的に普及している営業方法である。初回で知り合った客と初対面の日にアフターで枕営業を行なうことを「初回枕」、客も選ばずに抱くことは「鬼枕」と呼ばれ、どちらも歌舞伎町では当たり前に存在する。

「もともと性欲は強いから、相手がある程度のレベルならいける。ホストになる前の自分だったら、絶対手を出さない女性でもいまは抱くようになりました。正直キツいときもあるけど、新人時代はとにかくがむしゃらに抱きまくる（笑）。

ある日、見た目が好みじゃない女の子を腹を括って抱いたときに、『いままでどんなホストクラブでも相手にしてくれなかった。初めて女の子扱いされた』と泣かれたんですす。結果、彼女は一時太客になりました。まあ、枕しなくなったら関係切れちゃったんですけどね……。お客さんをつかむために、売れてない時代は初回枕もしてました。いまはある程度お金を使ってくれた子とか、ちょっとタイプの子がいたら普通に枕はします」

（20代ホスト・月間1000万プレイヤー）

このように、枕には仕事としての側面とプライベートとしての側面が混在しているホストもいる。枕営業の特徴は、「好みでない女性でも仕事だから抱く」ことが労働に含まれている点だ。枕を頻繁に行なうホストは「枕ホスト」と呼ばれるが、枕を一切せずにホスト人生を貫き売れてきたホストはほぼ存在しない。そのため、彼らはホストという仕事に「セックスワーカー」としての側面があることを自覚している。

アキコ・タケヤマは、彼らは自覚がありながらもセックスの相手を「選べる立場にいる」として他のセックスワーカーとの差別化を試みている点を指摘している。[*15] セックスの必要性を認めつつ、プロのエンターテイナーとして自分たちの地位を高めるために、公の場でのセックスワークは否定することによって体面を保っているのだ。

上野千鶴子《ちづこ》・鈴木涼美《すずみ》『往復書簡：限界から始まる』[*16] において鈴木は、ホストクラブに通う女性たちのなかでもキャバ嬢は、性的サービスを行なう風俗嬢を見下すことがしばしばあると指摘している。

同様にホストも、女性向け風俗（女風）に従事している男性を下に見るきらいがあり、「誰にでも枕をしない」ことがホスト（およびキャバクラ嬢）の象徴的な資本となっている。「枕を求めるなら女風に行け」「枕で売れるならホストじゃない」とＳＮＳで発言するホストも見られ、女性客が枕を求める限り営業手法として残りながらも、誰にでも枕を交わすとその価値は急降下する。

「誰にでも枕をしない」という象徴資本は女性客にとっても価値があるものであり、誰にでもではなく自分だから「枕をしていい相手だと選ばれた」と感じることができる。

複雑なのは、「枕をしていい相手」というのは女として性的に魅力があることに加えて、「枕営業というある程度苦痛な行為をしてでもつなぎ止めておきたい重要な客であると思われている」という女性側の承認欲求も入り混じっている点だ。そして自分があからさまに性行為を求めたわけではなく、あくまでホストが誘惑してくれたと捉えることができる曖昧さが、枕営業の商品価値を高めている。

また、売れていないホストが枕営業を避けることは「努力をしていない」「お高く止まっている」と見なされる。逆に売れているのに枕営業を行なっていると、「ダサい」「枕でしか売れない」といったレッテルを貼られることがある。

彼らのなかでは基本的に、相手を選ばず枕営業をする行為は苦痛であり、泥臭い労働だと捉えられているのだ。そのためSNSやホスト同士の会話では、「売れていない頃はどんな好みでもない女性でも抱いた」という話を武勇伝のように語っている様子も見られた。売れているホストが過去にそうした営業をしていたことは「努力家としてかっこいい」と評価され、一種のカリスマ性として、またホストの象徴資本としての尊敬を集める要素につながるのである。

どこまで足を運ぶか・どこまで受け入れるか

ホストは己の身体一つで始められる代わりに、営業時間外の労働、複雑な感情労働、そして肉体労働が必要とされることを述べてきた。ここで、最初の「営業時間外の労働」について、ホストの活動はどこまで広がっていくのか、詳しく見ていきたい。

ホストの店舗外の営業活動で多いのは食事やバーでの飲みだが、時には客の家に行く、自分の家に呼ぶ、旅行に出かけるなど、時間を使って客をつなぎ止める。

筆者が歌舞伎町に住んでいたときは、歌舞伎町のホストが「交通費が安上がりでラッキー！」とばかりに初回後でも家に訪ねてきた。歌舞伎町の自宅でしたことと言えば、担当と複数ヘルプとの手巻き寿司パーティー、ジブリ鑑賞会、あとはゲームの桃鉄やパワプロだろうか。手料理が得意なホストに家政婦よろしくたくさん食事を振る舞われて健康になったこともある。

一方で、歌舞伎町から離れている客の自宅に足を運ぶホストもいる。筆者が湘南台（神奈川県藤沢市）に住んでいた大学時代、片道1時間以上をかけて自宅まで来たホストが4人ほどいた。

このように、ホストのやる気がある限り、物理的な活動範囲はどこまでも広がる。店内の接客だけでは、大金を落としてもらい、客の誇示的消費と承認欲求を満たすことが難しいからだ。ホストは客の一人ひとりに対して「好きじゃなきゃここまでしない」「他の子にはこんなことしていない」といった特別感を演出することを余儀なくされるため、遠出や自分の家に入れるといった行動を取るのである。

まだあまり金を使っていない客候補を既存客として確保するために先行投資として「育て」、ここで女性がホストの虜《とりこ》になると、多額の金銭をホストに投じるようになる。そのためホストは、客に対し「ホストとしての自分」と「男としての素の自分」の二面を使い分けて巧みに接するのだ。

女性に特別感を演出する営業手法の最たる例が、自分の身内を紹介することだ。ただ、「彼女として親に紹介されたのに別に彼女がいて、自分はただの営業で金ヅルでしかなかった」という話もある。

このように、時にホストは己の売上のために、自分の身内も社会関係資本（人と人の関係性による資本）として投じることがあるのだ。

さらに、ホスト特有の営業として存在するのが「同棲営業」である。その名のとおり客とホストが同棲する営業なのだが、彼女として接する「本営」でありながら一緒に住む、同棲していて肉体関係はあるが本営ではない、本営で一緒に住んでいるが月の半分以上は地方の風俗で働いているため一緒にいない、などさまざまな捻《ねじ》れた関係性が生まれる。

「同棲は後輩には勧めないですね。その子が好きとか、金がなくて家が欲しいとかなら仕方ないけど、売上は上がらない。女の子からの束縛が強くなるし、その子がいないとダメという共依存的な関係になりやすい。女の子もホストにかける金額以上の見返りを求めてきたり、喧嘩が絶えずストレスになりやすいので」

（20代ホスト・月間1000万プレイヤー）

枕営業も含めて、ホストは肉体的にも精神的にも、自分のもつリソースを最大限に消費して売上に変えることができる。そうした営業をするホストが一定数いるからこそ、「ホストなんだから」と当人が望んでいない形での消費のされ方をしてしまうことも往々に存在する。

こうした「ホストとして」と「プライベートとして」の自分を往復しながら行なわれるホストの接客は、ライターで批評家の香月孝史《かつきたかし》が指摘する、「『アイドルを生きる』中で経験される『素』と『演技』の多重性がある」状態に該当するだろう。[*17]「ホスト」として生きるなかで、顧客の求める「ホスト」と「オフの素の状態」を行き来することで、本来のプライベートがホストとして生きるための要素として侵食されていくのは、まさにアイドルが「オフの日」を仕事の一環としてSNSに上げるようなものだ。

より稼ぐための過剰な資本の投入

店舗外労働のホストの負担は、金銭的にものしかかってくる。店の外で客と過ごす場合の金は基本的にホストが担うため、「ホスト」として活動する領域が広がれば広がるほど、生活における金銭的負担は重くなる。

さらに、ホストとして男を磨くべく、普段から人並み以上の自己投資が必要である。筋トレに肌管理の美容皮膚科通い、タトゥーや美容整形による身体加工、ハイブランドの服の購入……。売れっ子ホストになると「売れっ子らしさ」を象徴するファッションや金の使い方といった振る舞いが求められる。結果的に、多額の売上を上げても出費もかさむため、なかなか貯金ができないホストは多い。

こうした「身辺の演出」において社会学者の木島由晶《きじまよしまさ》は、ソースティン・ヴェブレンの言う「誇示的消費」の原理が見て取れると指摘する。すなわち、他人に見せびらかすための、周囲からの眼差しを意識した消費行動のことだ。こうした浪費の根底には見栄や立場、他人に優越したいという意識が働いており、他者との関係性などにより、個人的な欲求というよりは社会規範のなかで「見栄を張らされてしまっている」状態であるとヴェブレンは指摘している。

つまり、ホストが浪費をして売れっ子らしく振る舞うのはホスト個人がそうしたいからではなく、むしろホスト社会の規範に従っていると言える。そうした身辺の演出に精を出すほど、彼らの生活は「ホストらしさ」に侵食されていく。「役柄であったはずのホストの『仮面』は、かぎりなく当人の『素顔』に近づく。すなわち、外見と中身、演出と実像といった区別がつかなくなり、彼にはふだんからホスト然としたたたずまいが備わることになる[*18]」。

ホストとして売れるための先行投資は、何も客と接している時間だけではない。ホストとしての価値を上げるべく、相当な金銭・時間を投じなくてはならない。「売れっ子なんだから」とそれらしい規範を求められ、「自分らしさ」よりも「ホストらしさ」が優先されるのだ。

「女の子にわかりやすく権威を示すために、目立つハイブランドのロゴの服を着ることが増えますよね。移動はタクシーが多くなる。ご飯屋さんも、いいところを探して予約できないといけない。わかりやすく売れてて、お金持ってそうに見せないといけない。ホストの主任とかそういう役職も、すごそう！　って思わせるための要素なわけです。俺、もとはインキャだし、服なんて本当はなんでもいいんですよ。ホスト辞めたら全部売るんじゃないかなぁ、この服」

（20代ホスト・月間１０００万プレイヤー）

こうして、彼らの日常は「ホストらしく」あるための行動に蝕《むしば》まれていく。自分というアイデンティティが揺らぐホストがいても無理がないほど、本当の自分とホストとしての自分の境界は曖昧になっていく。

「ホストらしさ」と「彼氏らしさ」

「ホストらしく」自分を装うことで、さらなる売上を求める。なかでも感情労働として最も重労働なのが、客と付き合う「本営」であろう。アキコ・タケヤマが取材したホストは、客と交際していたときの自分の状態を、「彼氏」として店の外でも24時間仕事モードであり、ホストとして、彼氏としての仕事というダブルシフト状態であったうえで、ホストクラブは「お金を集める表舞台」として役立っていたと述べている。

彼のような立場は都合のいいときは彼氏扱いされ、都合が悪くなったら「所詮ホスト」のように扱われるなど、複雑な側面もある。そのなかで女性客のことを本当に好きになる場合もあれば、好きだったがストレスで気持ちは離れたものの、金のために彼氏のふりを続けるなど、ホストと客の数だけ複雑な人間関係が繰り広げられる。

重要なのは、両者は金銭による支配関係にあることだ。客のほうがホストの売上の大半を占めている場合はホストを金銭的貢献によって縛り、感情労働や自分の求める関係の演出を仕向ける傾向がある。ホストのほうが売上に余裕があり客が振り向いてもらいたい場合は、客側が「いい客らしく」自制的に振る舞うことを求められるのである。

筆者も、ホストに「本営」を受けたことが何度かある。「彼氏」という、他の客に知られたらリスクである関係を築いてでも自分はそばに置きたい客なのだと、自信がもてて率直に嬉しかった。相手が求めてくる限りは、彼氏彼女という疑似恋愛のために大金を投じる覚悟があった。

しかし数カ月が経つと、「自分は本当にお金のためだけの存在なのかな」と相手を試してみたくなったり、「自分が死ぬほど大好きな人間に、自分を好きという嘘をつかせて無理やりそばにいさせている」という罪悪感に苦しめられたりと、散々であった。

女性客側は、相手を傷つけないために彼氏として接してくれるホストを「どうせホストだから」と突き放したり、ホストとして売上を求められたら「彼女なのになんでそんなこと言うの」と自分の立場を容易に切り替えたりすることができる。

ホストも客も、金銭を挟んだ曖昧で変化の絶えない関係のなかで、多かれ少なかれ本心を偽り、関わり続ける。ホストらしくあろうとすると、彼氏らしさは消えてしまう。ホストにとって、客がホストらしさと彼氏らしさのどちらに金を使うタイプか見極めるのも重要である。こうした自分の感情を管理しながら他者の感情を誘惑し、関係性を構築する営みは非常に複雑であり、難解な労働であると言えるだろう。

ホスト同士の協働と労働

さてここまで、ホストが売上を上げるために女性客に対して行なう労働について見てきた。一方で、ホストが仕事として接する相手は、クライアントである女性客だけではない。一般の会社員も、同じ部署の社員同士のコミュニケーションや飲み会もあるし、時には部下の相談に乗る。同業他社と会食なりで交流し、仕事を円滑に進めるために時間外労働をすることもあるだろう。ホストも同じである。

ホストクラブの店舗とキャストの契約関係は「業務委託」であり、ホストは皆「個人事業主」である。しかしホストクラブでは、キャスト同士で連帯して接客に努める必要がある。自分が客を呼んだとしてもヘルプがいないと回らないし、シャンパンコールはまさに共同作業。普段から一緒に過ごし、仲を深め、従業員であり「仲間」のような交流を余儀なくされている。

ホストは「入店時期」により先輩後輩が決まり、売上で役職が決まる。店内での従業員の育成は基本的に一定の役職以上の者の業務で、個人の売上を上げるだけではなく、店全体の売上を上げることが求められる。

そのため、営業時間外には客だけではなく、自店舗のキャストとの交流に時間を割くのである。なかには後輩のアフターや同伴に同行し、ヘルプをするといった行為も含まれる。こうした「協働」によって自分以外のキャストの売上を上げ、店舗全体を盛り上げていくのだ。

「僕は社長なので基本的に店に出勤はしませんが、たまに店に行くときに、多くのお金を使っているお客様や、最近頑張っているキャストのお客様の席に座ります。僕が座ること自体がキャストへの価値づけになるんです。お客様の誕生日を祝うプレゼントを渡すときもありますが、これは女の子のためじゃなくて、従業員が『社長は自分を見てくれている、自分の客も大事にしてくれる』と思わせるためにやっています」

（30代・ホストクラブ経営者）

筆者の知り合いのホストにオフの日の過ごし方を聞いたところ、「従業員とご飯行って、相談に乗ったり店のこと考えてる」と話され、「それはオフじゃない！」とツッコミを入れたことがある。女性に対してだけではなく、「ホストクラブ」という社会で仕事をするための政治的な労働が存在するのだ。

このように、ホストは売れて役職が上がるほど、キャストとしての価値が増していく。そのため従業員は自分が売れることも大事だが、同時に売れているキャストに気に入られること、目をかけられることにも尽力することになる。

店舗の違うホスト同士の付き合い

ホストクラブには「同業付き合い」というものがある。同じホストという同業者同士、他の店舗のキャストと交流するのである。ホストが他店舗のキャストを指名するためにホストクラブに訪れる際には「同業割引」が適応され、シャンパン付きドリンク飲み放題で5万円で飲むことができる。これは「5切り」と呼ばれる。

同業付き合いは、ホストの「メンツ至上主義」が深く関わっている。イベントに同業のホストがどれだけ来てくれるかによって、キャストの知名度と支持度が測れる。

ホストがバースデーイベントなどを行なう際には、ホストクラブの店内を飾り付け、豪華なシャンパンタワーが設置される。主役のホストと、ホストのためにシャンパンタワーを建てた姫が中央に座るのだが、じつはこうしたイベントには他店舗のホストも多く祝いに駆けつけるのだ。

「同業付き合いが多いってことは、それだけ歌舞伎町で顔が広いってことなんで。男としてカッケー！　ってなりますよ。その分、同業で来てもらったら返すっていう当たり前の義理が必要なんですけど。同業行きまくると金が飛びますね。給料は半額くらいしか戻ってこないし。でもそうやって横のつながりがあるから歌舞伎町でホストできるんで」

（ホスト・20代）

このように、自身のメンツを保つための同業付き合いや、歌舞伎町で「有名ホスト」

として成り上がるべく人脈を同業でつくろうとするホストは多く存在する。同業の席では、違う店舗のホスト同士、店のルールや経営、営業方法の相談などかなり広く会話が展開されている。

そして、ＳＮＳに力を入れているホストは必ず、指名した同業相手のホストとシャンパンとともに写真を撮り、投稿する。客のなかにはそうした有名ホスト同士の「絡み」を推す声もあり、ホストはそうした社会関係資本すらもコンテンツとして労働に投じている。ホスト同士の交友関係すらも「推す」対象となっている側面は、アイドルや芸能人の労働に近いと言える。

金を稼ぐためにすべてを投じる

本章では、ホストが金を稼ぐために行なう一般的な諸労働について見てきた。「女性の相手をして高い売上を立てる」という表舞台での一瞬の輝きの裏には、こうした果てしない労働が広がっているのだ。

時間外の長時間労働、顧客に向けた感情労働、時に枕で身体を資本として投じ、時には自宅というパーソナルスペースも使う。親や友人といった社会関係資本から、ホストとしてさらに高みをめざすための自己投資。もてるものすべてを「労働資本」として投じた営みが、「ホストクラブ」という舞台で発揮されるのである。

こうして彼らは、夜の街で大金を手に入れる。しかし、近年のホストはただ「金を稼ぐ」だけではなく、歌舞伎町を超えて知名度を獲得しようと努力している。ホストという職業を通して有名になろうとする彼らの令和特有の労働を、次章で見ていこう。

第2章のまとめ

- ホストの労働は店舗内だけではない。店舗の外でも果てしない労働をしている。
- ホストは自分の感情を押し殺し、相手の行動をも促す究極の感情労働。
- 性行為を伴う枕営業をするという意味で、肉体労働やセックスワーカーとしての側面もある。
- 客と付き合う「本営」では、「ホストらしさ」と「彼氏らしさ」の狭間で葛藤する。
- ホストは自身のメンツを保つために、客だけではなく、別店舗のホストとの交流も大切にする。

第3章 ホストはアイドル化しているのか？

SNSでイケメンを見つけたらホストだった

前章で紹介した「アイドル営業」は、現在のホストクラブで盛んに行なわれている。配信やSNSで集客し、「客が自分にある程度興味をもっている」状態で行なう営業は、ホストの精神的負荷が他の営業よりも低いうえに、ホストとしてのブランドを確立していれば、客に金を使ってもらいやすい。

TikTokをはじめとしたSNSに当たり前にホストが出てくるようになったいま、「イケメンだと思ったら、たまたまホストだった」と興味を抱き、「一度直接会ってみたい」とホストクラブに足を運ぶ女性客も少なくない。もともとは、売上を立ててグループとして宣伝してもらうことで有名になっていたホストたちだが、SNSを駆使して自力で有名になることで売上を上げることも可能な時代になったのだ。

とはいえ、ホストがSNSで活動をすることには当初、批判的な意見が多かった。

YouTube チャンネル「ほすちる『Host children』」より

親同伴でホストに会いに行く

現役ホストでYouTuberとして最初に台頭してきたのが「ほすちる　Host children」である。2017年に動画投稿を始め、2025年1月時点の登録者数は21・6万人。[*19] メンバーである一陸斗《はじめりくと》は年間2億円以上を売り上げ、現在はFILIAというホストクラブで社長を務めている。ちなみに2017年は、いまやテレビタレント・実業家として著名なローランドが、YouTubeで「現代ホスト界の帝王」として出演した動画が公開された年でもある。

ほすちるがYouTubeを始めた当初は、「お金を使ってお店に来てくれる客を差し置いて、客になるかもわからない相手のために動画撮影で時間を使うな」という批判を受けた。当時のホストは売上を上げるために客に時間を最大限使うことが当たり前であり、金を使っていない人間のために無料で動画を配信するなど、店舗で金を落としてくれる客への配慮がないとして叩かれていた。

しかし２０１８年、ローランドのテレビ出演などでホストブームが再来し、ほすちるの知名度も徐々に伸びていく。２０１９年初頭にはすでに「YouTubeを観たファンが店舗に訪れる」人気ぶりで、なかには「18歳になったら絶対にほすちるに会いにいくと決めていて、親と一緒に来た」というファンもいたほどだ。

この頃から各ホストクラブで、YouTubeなどのＳＮＳによる集客が始まった。いち早く事業化を進めた冬月《ふゆつき》グループは、公式ホームページによると、グループ全体で40以上のチャンネルを運用している。[*20] YouTubeの再生数が多い店舗やグループの知名度が上がり、結果的に集客と求人につながっている。

YouTube チャンネル「THE ROLAND SHOW【公式】」より

ローランドグループによるYouTubeも人気で、ローランド自身のチャンネルは2025年1月時点で登録者数144万人を誇る。[*21] そしてコロナ禍以降は、YouTubeのみならず、TikTokでのショート動画や配信などを含めたSNSを駆使した労働が一般化してきたのである。

売上の約2割を配信の「投げ銭」で稼ぐホストも

ホスト専用の配信アプリも誕生するなか、ホストが「配信」によって集客する手法が一般的になってきた。新人ホストの配信による集客はせいぜい数人に過ぎないが、そこでのコミュニケーションによって実際の来店につながることもある。

来店した初回で10分単位でさまざまなホストと話してLINEを交換するか、自宅でいろいろなホストのSNSを見回って自分好みのホストを見つけるか。どちらのほうがコスパがいいと感じるかは客によって違う。

人気ホストになれば、配信時に視聴者から金銭がもらえる「投げ銭」だけでかなりの金額になる。「ホストクラブの店舗外である配信の投げ銭は売上に入るのか」という議論もなされるなか、いくつかのグループは投げ銭での金額を店舗の売上として正式に計上するシステムを確立している。

ホストにとっては店を通すことでもらえる金額は少なくなるが、公式記録として残るため、投げ銭獲得への努力を厭《いと》わない。なかには、年間7億円以上の売上のうち約2割を投げ銭が占めるホストもいるほどだ。

ホストとして店舗で接客し、なおかつ配信者としても労働する。営業前や営業後に定期的に配信を行なうホストは、その分指名客と過ごす時間が減ってしまうが、新規客を囲い込むためにも配信で知名度を上げることを重視している。

これまでは、初回で複数人のホストがいるなかで女性客に興味をもってもらうためにＬＩＮＥや電話で営業をかけていたが、いまではＳＮＳによって、すでに「自分に興味をもってくれている」人を店に呼ぶことが可能になった。営業の初期段階のハードルが随分と下がったのである。

しかし一方で、店に来ている単価の高い客から不満が出ることもあり、そうした客に対するケアも欠かせない。

「配信はTikTokとホスト専門の配信アプリの2つで、毎日2時間くらいやってますね。認知度を上げて、できたら配信でも月１００万円くらいは売上をつくりたい。そしたられっきとした『仕事』じゃないですか。自分のなかでノルマを決めてるわけじゃないけど、毎日やらないと人はすぐ離れていくから、とにかく継続を目標にしてますね。ホストは腐るほどいるから、そのなかで埋もれないためには地道な努力をしないと」

（30代・月間１５００万プレイヤー）

SNS運営の上手さも「ホスト力」のうち

最近はYouTubeやTikTokなどの動画コンテンツについて、ホスト個人だけではなく店舗やグループ全体で運用するケースが増えている。店舗のSNSのフォロワー数が多く発信力が強いほど、ホストにとっては売れるチャンスが大きい店と言える。そのため、いまではどのグループもSNSの影響力を伸ばすために躍起《やっき》になっているのだ。

「TikTokは、お店の撮影、仲良いキャストと2人でやってるアカウント、あと個人でもやってます。前はYouTubeにも出てました。いまだに2年前のYouTubeとか見てくれて、インスタをフォローしてくれたり初回で来てくれるお客さんはいますね。ストーリーの足跡とか見て、ホストを無差別にフォローしてるわけじゃなくて僕を見つけてくれたんだって子には、自分からDM（ダイレクトメッセージ）を送ると、けっこうお店に来てくれます」

（20代・月間1100万円プレイヤー）

店舗やグループが運営しているSNSアカウントだと、基本的に月に数回、２時間ほど撮影の機会が設けられる。SNSの企画や動画編集にかかる費用は店舗負担なことが多く、大半のホストクラブが業者を雇って運用している。

一方、ホスト個人で運用しているアカウントは自費で業者を雇うか自分自身で編集をしている場合が多く、財力や継続力が求められる。顔の良さで大バズ（大きく話題になること）して新規顧客を呼び続けられるキャストもいれば、企画力や相談力で注目されるホストもいる。

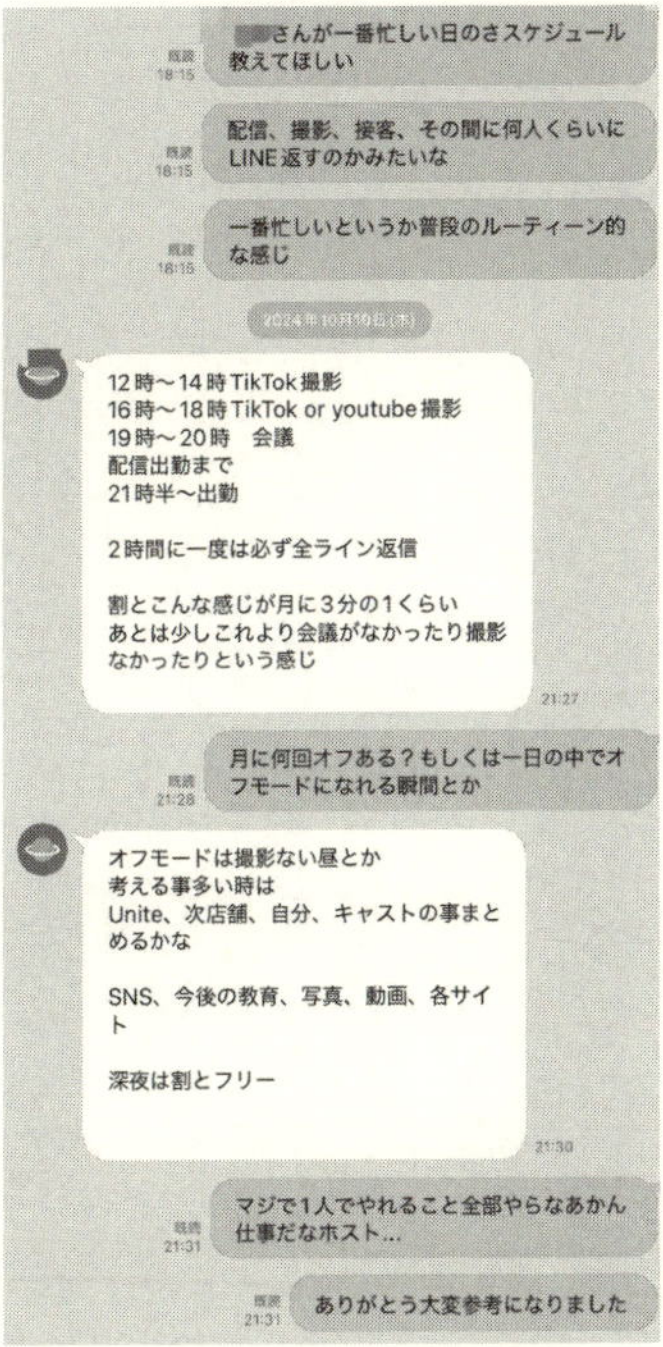

あるホストの１日のスケジュール

昨今は店舗内の接客だけではなく、ＳＮＳをいかに上手く運用できるかも「ホスト力」として測られるのだ。

ホストの労働にＳＮＳ労働が組み込まれ、ホストとしての「営業用アカウント」を作成し、運用する。それによって歌舞伎町での知名度を上げ、売上も獲得していくのが最近の売れっ子ホストの流れである。個人の自由であったＳＮＳでの発信が、ホストとして「より売れるため」の労働と化しているのだ。

さらに、最近のホストクラブのなかには「毎日ＳＮＳに1ポスト以上投稿しないと罰金」「店舗の公式ＳＮＳの内容を拡散しないと初回接客禁止」「営業前30分はＳＮＳを触る時間」と、店舗からキャストにＳＮＳ運用を明確に労働として強いる店舗も増えている。営業前後の配信が義務化されているホストのなかには、泥酔しながらライブ配信を行ない、その日来店した客への連絡業務などを怠って喧嘩に発展してしまう者もいる。

「接客業」として、来店して売上に貢献してくれる客を大切にするのが大前提のホストという仕事において、ＳＮＳ労働は受け入れられるまでにたびたび物議を醸してきたが、現在はＳＮＳによる集客率が伸びたことによって、必要不可欠なものとして認められつつある。

しかし、顧客との火種になりやすい点は変わらない。そのため、SNS上で交流するユーザーと、実際に店舗に足を運ぶ客への対応に「差をつける」といった細かな配慮が求められるのだ。

売上か、知名度か

ホストとして歌舞伎町で成り上がるためには売上が必須だが、いまは世間での知名度も求められる。そのため、SNSでのフォロワー数が象徴資本として大きな役割を果たす。SNSで有名でも売上が伴っていないと「ホストとしてダサい」という烙印《らくいん》を押され、売上はあるが知名度がイマイチだと「SNSでの努力が足りない、店舗の広報能力が低い」と見なされる。

SNSによって売上をつけてきたホストは、どんなキャラでもある程度は許される。一方で、いままでSNSを使わずに売れてきた有名ホストがSNSのインプレッション

（表示回数）を稼ぐためにキャラに合わない炎上芸をすれば、「そんな人だとは思わなかった」と幻滅される場合もある。そのため、彼らはある意味ホストとしてのキャラクターを守るために保守的な運用をしがちな傾向にある。

ホストたちは、SNSでのフォロワー数と実際の客からの評価の狭間で、自分たちをどう演出するべきか日々悩み、葛藤しているのだ。

平等性が大切なアイドル、不平等性こそ大切なホスト

こうしたSNSを運用して集客する労働と近しいのが、アイドルだ。現代のアイドル文化に詳しい上岡磨奈《かみおかまな》は、労働者としてのアイドルについて考察している。[*22] 芸能者・表現者の労働研究としてAV女優、舞台俳優、ファッションモデル、バンドマンの労働を事例に挙げたうえで、アイドルの労働の特異な点として「特定の演技や表現の時間以外にも労働時間として見なしうる時間が長い」ことを指摘し、具体例としてオンラインでの生配信やSNSへの投稿を通して観客に見られている時間だと述べている。

この特徴はホストにも当てはまるだろう。さらに、ホストは「ホストクラブ」というパフォーマンスの場、ＳＮＳでの発信に加えて店外やアフター、旅行といった極めてプライベートに近しい環境でも実質的に働いており、アイドル以上に「労働時間」が長い職業とも言える。

また、石井純哉は、アイドルの感情労働について論じている。[*23] ２０１０年代以降のアイドルの特徴として、ファンとの「接触」の機会が増え、距離が近くなったことを挙げる。「アイドルは『接触』の場面において、ファンの期待する姿（夢）を実現するために個別の対応と平等性の維持という2つの実践を行う中で感情労働へと導かれている」と石井は述べているが、「平等性」とはファンとの接触時のことを指している。

アイドルは握手会などでファンと接触する際、目の前のファンだけではなく別のファンがどう思うかを意識した結果、対応に差をつけないことで平等性を維持しているという。この「平等性の維持」のもとで「個別の対応」を求められるのは、アイドル独特の感情労働だ。応援してくれるファンに優劣をつけず、平等に対応しなくてはならない。

一方で、ホストは「不平等性の維持」が肝になる。ホストクラブは「金を使った客が偉い」場所であり、より高額を投じるほどホストとの時間や愛情が得られる前提のシステムだ。そのため、月に30万円使う客と100万円使う客では、対応に明確な差をつけないといけない。

また、SNS上でやり取り・投げ銭をするだけの客と実際に店で金銭を投じる客にも「不平等性」を維持しながら労働する必要がある。積極的にコミュニケーションを取ることで関係性をつくり上げる「指名客」と、SNSでの労働によって獲得する「ファン」とを分けなくてはならない。

歌舞伎町で3年連続年間3億円を売り上げているホストの右京遊戯《うきょうゆうぎ》は、自身のTikTokで、アイドルとホストの違いとして以下のように述べている。*24

「僕のなかでホストとアイドルの違いっていうのが明確にあって、それは大切にするべき人を大切にできるかどうかだと思ってます。アイドルは別にライブに来てもらえたらそれで値段が大体一律で皆払う金額は同じだけど、ホストクラブは違くって、500万使う子もいれば300万使う子もいて、はたまた1万円の子もいて、そこに正しく優劣

右京遊戯［公式］TikTokより

を作れるか。物事の本質が、女の子の本気の気持ちがちゃんと自分で計算できるかどうか。これが指名本数で勝てる人と、売上で本当に勝てる人の明確な違いです。

でね、さっきは指名本数を意識してまずはやってみようっていう話をしたんですけど、そのなかで自分を本気で見てくれる人と、ファンの人といろんな人がいます。で、それぞれの向き合い方と、楽しませるのはもう大前提だけど、そのうえで自分がどの人にちゃんとホストをするべきなのか、ここを明確に見極められる人がずっと売上を上げられるし、大事な人がずっとそばにいてくれる人かなと」

このように、ホストはアイドルと同じような接触の機会を設け、SNSの発信などで極めて長い時間労働をするなかで、主体的に労働資本を投入する相手を選ぶ必要がある。そのうえで、客の「不平等性」を維持しながら対応をするという、さらに複雑で過酷な労働が求められると言えるだろう。

休日も「コンテンツ」として切り売りする

上岡磨奈は著書『アイドル・コード　託されるイメージを問う』[*25]のなかで、2020年代のアイドル像を「『虚像』と『実像』の両方を提供し、アイドルではない『普通の女の子』、『普通の男の子』と見られる瞬間をも商品として共有される」点を特徴として挙げている。「商品」として管理されながらも、オフの時間やSNSの発言など、管理されていない実像に触れることができるのが現在のアイドル像だ。

そういう意味では、ホストもアイドルと近しい存在である。アイドルはある種の虚構性を「メディア」を介して維持し、ホストは「ホストクラブ」という舞台に立ち、所属することで維持しているのではないだろうか。

アイドルの舞台裏のパフォーマンスやオーディションの様子をドキュメンタリーとして配信するように、ホストたちも営業裏やイベントの様子、葛藤をドキュメンタリー的に配信し始めている。「夢を追う男の子の物語」として配信し、女性客と男性の求人を同時に確保しようと努めている。

ホストクラブでは、アイドルでいう「ファン」のポジションには「姫」がいるわけだが、ホストと姫の喧嘩からシャンパンタワーで高額を使った姫との感動的な「物語」が配信される。こうした動画をきっかけにホストクラブに足を運ぶ女性も増えており、ホストたちは自分たちの営業中の様子から営業外の日常まで、すべてをコンテンツ化して集客・求人につなげているのだ。

これは、英文学者の河野《こうの》真太郎が著書『戦う姫、働く少女』[*26]で指摘した、余暇に属するとかつては考えられていた活動とそこで滋養される人間性が労働資源に取り込まれる「アイデンティティ労働」を行なっている状況である。

ホストは感情労働に加えて、ホストとしての自己をSNS上でも維持しており、「アイデンティティ労働」を体現している職業とも言えるだろう。SNSの台頭によって、ホストのオフは「ホストらしい」時間としてコンテンツ化しなければならず、彼らの休日は仕事のために存在していると言っても過言ではない。

ホストを「推す」女たち

アイドルと言えば昨今、「推し」という言葉が盛んに使われる。応援したい人や物に用いられる「推し」は、「疑似恋愛」的な眼差しをいったん無効化するような色をもっている。[*27]「ガチ恋」という恋愛感情を抱いていることを隠すためや、ホストとの関係性をとくに求めていないという主張の際にたびたび使われる「推し」は、「担当」とはやや違う意味を含んでいるようだ。

「相手との関係性を求めるときは『担当』って呼んでましたね。好きになってほしいとか、付き合いたいとか。相手の感情と時間を買うためにお金を使ってた。だから正直、担当にナンバーワンでいてほしいとか、いくらまで売れてほしいとか、そういう気持ちはなかったです。

でも、その後指名したホストは『推し』って感じで。キラキラしててカッコイイから、売れててほしい。ナンバーワンが似合う人だから、私がお金を使うことで少しでも意味があったら嬉しいなって。付き合いたいとかはないです。幸せでいてほしいというか。だから使う金額は前のホストのときより減りましたね」（20代・女性）

「推す」行為の対象はアイドルのみならず、ホストにも及んでいる。では、ホストを「推す」とはどういうことなのか、アイドルとどう違うのだろうか。

ホストには「ガチ恋」しやすい

アイドルのファンは、ライブや握手会などアイドル（運営）側が設けたイベント会場に足を運ぶことで推し活を行なう。対してホストの客は、基本的に週6日営業している店舗に足を運び、金を使うことで推し活とも呼べる経済行動を行なう。

「ホス狂いからメンチカ（メンズ地下アイドル）に移行して思ったんですよ。アイドルはライブに行けば『来てくれて嬉しい、ありがとう』って言ってくれる。行けばいつでも感謝されるし、営業をかけてこないんですよね。こっちのペースで好きに通えるし、離れられる。

でもホストって毎日ＬＩＮＥしてきたり、『もう行かない』って言ったら電話してきたり。ブロックすれば解決ではあるんだけど、『会いにきてほしい』って直接求められたり、なんならあっちから会いにきてくれる。そうなるとなかなか抜け出せなくて。好きな人に嫌われたくないから期待に応えなきゃ、もっとお金使わなきゃって追い詰められてたなぁって思います。メンチカは、刺激はホストより少ないけど、精神衛生上はいいですね」

（20代・風俗嬢）

ホストとアイドルの違いとして明確なのは、こうしたＬＩＮＥや電話、店外といった日常に入り込む行為が営業としてあるかどうかである。地下アイドルの一部には、いわゆる「ホストまがい」と言われるこうした行為やつながりによって客を引き込む場合があるが、基本は御法度《ごはっと》だ。

それに対し、ホストは店外での営業活動により、客との距離は格段に近くなる。客はあくまで店での源氏名の「ホスト」を指名しているが、店外での接触によって、ホストとしての「虚像」は近しい存在としての「実像」に極めて近くなる。アイドルも疑似恋愛をベースとしたブランディングをしていることがあるものの、ホストはそれ以上に「本営」「色恋」など積極的な疑似恋愛空間をつくり上げている。

時に肉体関係も挟むホストと客の関係は一方的ではなく相互的であるため、ホストへの「ガチ恋」はアイドルよりは「仕方のないもの」として糾弾されない傾向にある。「ここまで好きな人にされたら信じちゃうの仕方なくない？」と言われるように、客（ファン）にとって、ホストはアイドル以上に「自分（客）に何をしてくれたか」で判断されるのである。

「関係性」で悩むホストと姫

ホストと姫は、アイドルのように「どう応援するか」「自分の熱量はどれくらいか」といった問題ではなく、「相手と自分との関係性」に頭を悩ませる。アイドルと違い、ホストとはLINEや電話をするなど、一般的なコミュニケーションと近いためだ。自分（客）が出せる金額はいくらか、相手（ホスト）にどこまでの行動を求めるのか、相手を信じることができない、本気で好きになってしまった……など悩みは尽きない。

ホストと客はアイドルとファンの関係と違って、互いに「相手の言い分」があるなかで金銭が発生しており、かなり特殊で複雑な関係にあると言える。自分が相手に認知されていて、なんらかの関係性が構築されている以上、たとえ「ガチ恋」ではないとしても、それを「推し活」と呼んでいいものなのだろうか。

第2章で、ホストは客を「誘惑」すると述べたが、客側も自分の使える金銭や積み上げてきた関係性を武器に、ホスト側と駆け引きする。そもそも、相手と連絡が取れて駆け引きができる状況であり、一方的ではない関係の人間と「推し」として関わっていいのだろうか。

「源氏名」というキャラを通して働くこと

姫とホストの関係を考察するうえでヒントになるのが、「親密性の労働」という概念である。これは、従来は労働の範囲外とされていた家事やケア労働といった親密圏の活動を労働として捉えるものであり、「肉体労働としての家事労働からケアや売春まですべてを括ることができる[*28]」。一般的に親密性の世界と経済の世界は「互いに敵対する二つの別々の領域」であり、相容れない前提だが、それでも夜の街には親密性の労働に経済が介在する事業が多く存在する。

社会学者の中村香住《かすみ》は「親密性の労働」と経済の関係性について、メイドカフェで働く労働者を対象に調査を行なっている。中村によると、メイドの労働は「メイド」と「客」という役割が固定されたつながりがあり、そのうえで「通常の『親密性の労働』

と異なり、メイドという役割や、そのなかでも特に自分自身がメイドとしてどのような姿勢や性質、要素をもっているかという『キャラ』を挟んだうえで労働が営まれている」としている。*29

メイドのキャラは自身と切り離せるものではなく、キャラをどこまで演じて客に消費させるかは、メイド個人の一存によるという。客による消費に加え、客側からの好意や承認といった何かしらの「親密性」に当たるものを差し出される点なども、ホストの労働と酷似《こくじ》している。

こうした親密性を「キャラ」を挟んだうえで労働としてもち込んでいる職業は、メイドやホストをはじめとした「源氏名」を使う職業全般に言えることだろう。ホスト、キャバ嬢、コンカフェやメイドカフェの店員といった「接客業」から、アイドルの「芸名」など、愛称なども含めた本名とは別の名前を使い、そこにキャラクター性がある職種はいずれも親密性の労働を行ない、自分と客の親密性をマネジメントすることで対価を得ている。

メイドのように、ＳＮＳというバーチャル空間でのやり取りと、店舗という固定された舞台でのみ「キャラ」を保持するのと違い、ホストはＬＩＮＥや電話、旅行といったさらに親密性を伴う場所での「キャラ」を保つ労働を求められる。あらゆる場面でプロとしてキャラを長時間維持し続けるのは、極めて骨の折れる労働だと言えるだろう。

ホストへの偶像崇拝

また、アイドルが好きでホス狂いになった女性のなかには、アイドルと同じような徹底した「プロ意識」をホストに求めることがある。「アイドルなら、たとえ恋人がいたとしても、ファンに夢を見せているのだから存在は隠せ」「人前ではつねにアイドルらしい振る舞いをしろ」というものだ。

同様の対応をホストに求める女性たちは、彼らに彼女の存在を隠すことはもちろん、「ホスト」としてのプロの振る舞いを求める。心の中では自分のことをどれだけ嫌っていようと、本当は金づるだろうと、女性に夢を見させて完璧に対応してみせろという。

ＳＮＳ上では「これだけ金を使っているんだからそう言いたくなるのも当然。プロとしてメンヘラも受け止めろ」という投稿も時折見かける。アイドルに対してならば運営に文句を言い、SNSで発散することはできても、本人に直接そうした発言をすることは難しい。

しかし、ホストに対しては容易にできてしまう。「こっちは客で、お前はホストでプロなんだから」と過剰なサービスを強いることは少々暴力的ではないか。

「ホストを始めて2年くらいは、全部お客様に合わせてて。いまから来いって言われたら会いに行ってたし、全部受け入れてた。でも、そうするとやっぱりストレスがすごくて。自分が自分じゃなくなっていく感覚になりました。それだけ合わせたのに、思ってた金額を相手が使わないとイライラしてしまったり。

いまは自分がやりたくないことはやらずに、無理しないって決めて。結果売上は下がったけど、精神衛生上はめちゃくちゃいいですね。自己肯定感が低くて始めたホストだけど、最初は、ホストらしくしなきゃって頑張りすぎてたなと。ありのままの自分を好きになってくれる子もいるって思えて、いまはわりと楽しくホストできてます」

（20代ホスト・月間1100万円プレイヤー）

もちろん、接客業としてのパフォーマンスに乏しいホストには、金を使う必要性が低くなる。しかし、恋人とは違い金銭を交えた関係性で、「推しだから」「ホストだから」こうあるべき、こうするべき、といった偶像崇拝を押しつけながら、目の前にいる人間を消費する客の振る舞いはグロテスクとも言えないか。

関係性がある人間を「推し」と呼ぶ違和感

本章では、ホストがしばしばアイドル的な営業方法を実践し、労働市場をSNS上にまで拡大させたこと、それによって余暇の時間も労働資本として投入する「アイデンティティ労働」をしている現状を見てきた。そして、アイドルとホストには労働者として共通している側面もありつつ、ホストはファンである客と相互行為を通して関係性を構築し、親密性の労働を「キャラ」を挟みながら常時行なっている点がアイドルとの差異であるとした。

推し活全般を見てみると、ホストのように「推し」との距離が近い業界は大量に存在する。ホストのように「店舗」に所属するだけで推し活の対象になるのは、コンカフェなど水商売全体に言えることだ。

また、配信者やYouTuber、インフルエンサーのなかでも、事務所に所属せずにコンテンツを配信している人間は運営を挟んでいないため、「コンテンツ」としての自分と生身の自分自身の切り分けがうまくできない場合、どうしてもメンタルに影響が及びやすい。

誰もがSNSで有名になれるいま、誰もが推す側の人間として推しに影響を与えることもできるし、誰もが突然「推される」側として勝手に期待され、崇拝され、絶望されることもある。

簡単に誰かを推せる時代に、コミュニケーションが相互で取れる距離感の人間を「推し」と見なすことは、相手を偶像化し、都合の良い部分だけを切り取っているように感じてしまうのは筆者だけだろうか。

「キャラ」を挟んで親密性の労働をしている彼らは、自分をどこまで切り売りするかを日々考えなくてはならない。自分の推しに対する期待が、時に推しの心身にネガティブな影響を及ぼす可能性を十分に意識して推し活を行なう必要がある。

そもそも、親密性をもつ身内やクラスメイトを軽率に「推し」と呼ぶ風潮にも疑義を呈《てい》したい。母親が「最大の推しは息子！」とする投稿をSNSで見かける。しかし「推し」は本来、自分が接触できない相手で、自分の行動で相手を変えることができない分、自分も自由に推しを降りたり変えたりすることができるものなのではないか。

家族やクラスメイト、職場の人間を、恋愛規範から逸脱したいためとかわかりやすい表現だからと「推し」と呼んでしまうことは、今後たとえ「推し」じゃなくなっても続く人間関係がある相手に対しては望ましくないかもしれない。

少なくとも筆者は、自分が直接関わり、コミュニケーションが取れる人間を「推し」として見ることができない。「推し」という言葉に相手との関係性を閉じ込め、自分の感情も相手の感情も無視してしまう行為に近いと感じるからである。それに、指名しているホストと己の関係は、「推し」なんて言葉じゃ生ぬるいほどさまざまな意味で親密であり、捻れた感情を抱いていた。

さて、次章ではホストに通う女性客の視点から、ホストの労働について話を展開していく。ホストが囁く言葉は「ホスト」としての疑似恋愛という前提で、なぜここまで大金が動いていくのか。彼女たちがホストに求めているものは何なのか。身体を売ってでも買いたいものは何なのか。金銭とともに客から好意と承認を受け取るホストと、金銭を渡すことでホストからの好意と承認を受け取る彼女たちの価値観について考えていきたい。

第３章のまとめ

- ホストの労働はいまや店舗での接客だけではなく、ＳＮＳや配信など多岐にわたる。
- アイドルはファンを「平等」に扱うことが求められるが、ホストはどれだけ金銭を使ってくれるかに応じて客を「不平等」に扱うことが重要。
- ホストはアイドルと違い、電話やＬＩＮＥなど一般的なコミュニケーションに近い手法を取るため、客は「ガチ恋」しやすい。
- ホストを偶像崇拝することは、ホストという「人間を消費している」ことだと認識する必要がある。
- 身近な人間を「推し」と呼ぶのはどうなのか、あらためて考えるべき。

第4章 なぜ若い女性がホストにハマるのか

ホストクラブに通うきっかけの多様化

ホストクラブに通い始めるきっかけはさまざまだ。知人・友人からの紹介、路上客引き、そして最近はSNSによるコンテンツの発信きっかけや、ホスト側がDMによって営業活動を行なうケースも増えた。さらに一部のホストは、マッチングアプリによる営業活動にも精を出している。

このように、昔以上にホストクラブという場所に接触する可能性が広がった現代。もともとホストクラブに興味があった女性もいれば、仕事の付き合いで行ってみたらハマってしまったケース、マッチングアプリで男性と出会い付き合っていたら「自分はホストをやっていて応援してほしい」と言われ、流されたケース……。

ホストクラブに足を運ぶきっかけはじつに多様であり、そこから歌舞伎町のホストクラブでの価値観に飲み込まれる場合もあれば、ホストに「ガチ恋」することもある。はたまた、既婚者だが恋愛のときめきや仕事の承認を求めて金を落とす場合も。女性の欲望の数だけ、ホストの役割は存在する。たんなる恋愛感情だけではなく、「歌舞伎町・ホストクラブ」という独自の文化をもつ街でのステータスや評価・承認に依存する女性は多い。本章では、ホストクラブに「沼る」女性客の心理に迫っていく。

ホストに2億円以上貢いだ女性

「最初は、好きな人を応援したいって気持ちだったのに、気づいたら自分のプライドのために、稼いだ金額を注ぎ込んでたかも」

そう語るのは、筆者の友人であるユカリ（仮名・24歳）だ。彼女は、一人のホストに5年間でじつに2億円以上の金を注ぎ込んだ。

筆者と出会った頃は歌舞伎町のキャバクラで働いていた彼女が、「担当ホストのために風俗を始めるか悩んでいる」と電話をしてきたのは、彼女がホストクラブに通い出して1年も経たない頃だった。担当ホストが新人の頃から指名し、彼は年間1億円を売り上げるトップホストへと成り上がった。その売上の半分以上を支えたのは彼女だった。
ユカリに、ホストにそこまでの大金を使う根本的な理由を聞いたことがある。

「自分がカッコよくいるためだったなあ。使う金額が毎年上がってきて、ヘルプとかお店のみんなにも『次は何やるの』って期待されて。みんなからすごいって言われることで承認欲求が満たされて。私って可愛くて大金稼げてかっこいいって思えてさ。だからいつからか、担当のためっていうか自分のために高額を使い続けてたかも。もちろん、担当が大好きだったからここまでできたのはあるよ。他のホストじゃ無理だったし、自分のためだけじゃそこまで頑張れなかった」

ユカリは、傍《はた》から見たらいわゆる「ホス狂い」だろう。彼女は指名していたホストと交際し、同棲していた。そのうえでエースとして毎月大金を使い続けていた。彼女の発言から、ホスト個人へのたんなる恋愛感情だけではなく、ホストクラブという「場所」における承認を求めて金銭を投じていたことがわかる。

ホストクラブに入る1万円を立ちんぼで稼ぐ女性

「僕のお客さんが立ちんぼ（売春目的の客待ち）で逮捕されて、売上が足りないから助けてほしい」。そんなＬＩＮＥがあるホストから筆者に届いたことがある。「お客さん」とは、歌舞伎町では有名なホームレスでホス狂いの女性だった。彼女が1時間1万円の最低料金でホストクラブを訪れ、「また稼げたら戻ってくるね」と店を出た足で大久保公園へと向かっていくところを見たことがある。

報道によると、２０２３年に大久保公園で逮捕された立ちんぼ女性の43％が、ホストクラブやメンズコンカフェで使う金銭を稼ぐ目的だったという。[*30] ２０２４年は同様の目的の女性は31％に減少したが、借金返済とは別の動機を警察に話すよう、ホストから強要されたと見られるケースもある。[*31]

売掛金返済のために女性に立ちんぼをするよう唆《そそのか》したとしてホストが逮捕される事件も報じられるが、いまだに立ちんぼはなくならない。立ちんぼと言えば、一昔前までは

大久保公園周辺で売春の客待ち（立ちんぼ）をしたとして逮捕された女性（2024年10月24日、東京都新宿区、写真提供：時事）

風俗店で働くのが困難な女性がするイメージがあったかもしれない。しかしいまは、「コスパ」「タイパ」を突き詰めて路上に立つ女性も少なくない。

デリバリーヘルスでの給料の相場は、客払いが60分2万円前後なら手取りは半額の1万円前後。一方で立ちんぼは、本番行為があるとはいえ60分での相場が1・5～2万円ほどで、デリヘルを上回る。

しかもデリヘルやソープは、高級店になるほど面接や宣材写真の撮影、講習など、働くまでに時間と先行投資が必要となる。いざ店舗に入店できたとしても、売上は店の集客力や自身の魅力に左右される。

それに対し立ちんぼは、店舗での煩雑な対応をする必要がなく、個人交渉で客を引きやすい。形態としては、昔ながらの出会い喫茶に近いだろうか。立ちんぼを〝専業〟としている女性のなかには、風俗店よりもこうしたメリットを感じていたり、シフトを守れない、未成年で身分証を提出できないといった風俗店で働けない事情を抱えている人が多い。

こうした「立ちんぼしか手段がない」人がいる一方で、「デリヘルの稼ぎが渋かったからあと2万円稼ぐために寄った」「パパ活アプリと並行して立っている」という女性の存在を忘れてはならない。彼女たちの一定数は、ホストクラブなどで金を使うために身体を売っているのである。

女性客がホストクラブに見出す価値

ホストクラブの月間売上が決まる締め日に「参戦」してきた筆者の友人（店舗に行くだけで「参戦」と言ったり、なかには「戦争」と呼んだりする者もいる）は、その後「ナンバー発表を隣で聞けて嬉しかったけど、今月はあまりお金を使えなかったから、隣にいる資格ないなって非力さを感じて泣いちゃった」と連絡してきた。

ホストクラブに通う女性のなかには、その場がたんなる娯楽ではなく、人生を懸けたものや自分の価値を再定義する場所になっている人もいる。客によって店舗に行く頻度や使う金額はさまざまであり、「ホストクラブに通う」という行為を通してさまざまな心の要求を満たしている。

女性客はホストクラブにどのような価値を見出しているのか。嗜好品としてのワインにたとえるとわかりやすい（人とワインを比較するのはいかがなものかと思われるかもしれないが、あくまでもイメージとしてご容赦願いたい）。

ワインを選ぶ際は、値段が安いわりに美味しいとか簡単に酔えるとか「コスパ重視」でもいいはずだが、1本数十万円の高価なものもある。「たかがアルコールになんでそんな大金を払うの？」と思われるかもしれない。

しかし「ワイン通」と呼ばれる人たちは、産地や作り手のストーリーを知り、味とともに堪能して大金を払っている。安価なワインが悪いわけではないし、高価なワインだから必ず美味しいわけでもない。自分の目的に合わせてベストなワインを見つけて楽しめばいい。

ホストクラブに通う女性の心理も、こうしたワインの嗜《たしな》み方に似ている。コスパ・タイパを重視して手っ取り早く楽しみたい客もいれば、店に通う目的はさまざまだ。そうした女性客の特徴について具体的に分類し、解像度を上げながら見ていこう。

「ホス狂い」を再定義する

本書では、「はじめに」で紹介した頂き女子りりちゃんや本章冒頭のユカリなど、「ホス狂い」の事例を紹介した。ただ、ホストクラブに投じる金額だけを見ると、本人の収入に比して「過剰に金銭を投じている」のか判断がつきづらい。あらためて「ホス狂い」とはどういう人のことを言うのか、筆者なりに再定義するならば以下のとおりだ。

ホストに対する金銭的・生活的・精神的依存が、本人の生活と自己認識の中心に位置

し、自己犠牲を伴ってでもホストクラブに通う状態。

【金銭面】

収入に不釣り合いな高額出費がある場合。家賃や生活費など支払わなければならないものよりもホストクラブ代を優先してしまう状態。さらに進行すると、売掛や立替などで数十万〜数百万円の借金を重ねることになる。

【生活習慣】

日常生活や友人関係・仕事関係よりもホストを優先している状態。さらに進行すると、友人関係についてもホストに干渉され、交友関係が希薄になる。

【自己犠牲的行動】

ホストクラブで使う金銭を稼ぐために働き方を変える場合。脱サラして事業を起こすケースもあるが、手っ取り早く金を稼げる風俗、パパ活といったいわゆる「夜職」に従事するケースが多い。さらに進行すると、担当ホストのためにどこまで過酷な労働に身を投じられるかで、献身性を測る傾向がある。

【精神的依存】
ホストとの関係性や承認がないと精神的に満たされない状態。さらに進行すると、客という立場であるにもかかわらず、ホストに嫌われないため、捨てられないために、下手に出てすべてを捧げようとする傾向がある。

客のステージ別の分類

次に、先に説明した金銭的・生活的・精神的依存の度合いに応じて、女性客を4つに分類してみよう。

(1)ライト層（遊び感覚でカジュアルエンジョイ・ファンおよび推し活の延長）

(2)エスカレーション層（サポーター・専属顧客）
(3)コア層（太客・ガチ恋・担当の一番になりたい・愛と義務の狭間）
(4)オブセッサー層（妄信的信者・戦友・御恩と奉公・依存と執着）

(1)ライト層：「自分の仕事と人生が優先」

ホストクラブを「エンタメ」として割り切り、使える金額によって「自分軸」で通う頻度を調整している層。ホストクラブでの経験を「非日常」の娯楽として、日常のストレス解消や自分へのご褒美、友人付き合いの一貫として行なう。「SNSで有名なホストに一目会ってみたい」というミーハーな客もこれに属する。

ホストへの依存度は低めであり、連絡が来なくても気にならない。店に行って楽しむことやSNSでのコンテンツで満足しているため、ホストにもそれ以上の関係を求めていないことが多い。

「YouTubeを見てから、ホストクラブに行ってみたいとはずっと思っていて。ホストに通い慣れてる知り合いに連れてってもらいました。知り合いにいろいろ教えてもらいながら、シャンパンコールとかがあるキラキラした店内を初めて見て……。ＬＩＮＥとか聞かれても今後行く気がなかったので基本断ってたんですけど、一人だけちょっとカッコいいなって思う子がいたので交換しました。

その後お店の外でご飯に誘われて。営業だよな、お金使わないとな……とは思ってたので、５万円下ろして財布に入れて。同伴でお店に行って、数万円使いました。これがホストクラブか、なるほど。と思ったんですけど、やっぱただ飲むだけで5万近いのは高くて毎回行けるほどじゃない。自分の生活を犠牲にしてまでホストのナンバーとかを応援したいわけじゃない。

キラキラした世界観は好きだし、好きなアイドルに似てる男の子と近い距離で飲むのは楽しい。お金はあんまり使えないから、連絡は無理しなくて大丈夫だよって伝えてます。お金使えなくて申し訳ないって思いたくないんで……。

月に1度、５万円で会いにいくのを楽しみに、普段は配信とかＳＮＳを見て過ごしてます。ボーナスが入ったら、人生で初めてのシャンパンコールはしてみたいなぁ。でも自分の仕事と人生が大事だし、ホストクラブはいつか終わりが来るから、人生を犠牲にするほどじゃないですね」（27歳・派遣社員）

⑵エスカレーション層：「しばらくハマらせてくれればいい」

特定のホスト（複数人いる場合もある）を応援し、ホストの時間や対応を買うために金銭を投じる。金額は徐々に増えていく傾向があり、収入の一部をホストに使うことで自分の投じる金銭と自分自身の応援行為が価値のあるものだと感じる。ホストと特別な関係を築いたり、投じた金銭分のリターンを欲したりする。

ただ、コア層以上に比べると主体はあくまで自分にあり、「指名ホスト都合」よりも「自分都合」で金銭を投じる。ホストクラブへの依存度は中程度。ホストクラブが生活の重要な部分になり、ホストのための消費を中心に生活リズムを調整するようになる。

「ホストにハマって、ノリで売掛（ツケ払い）して、風俗始めたんですよ。そしたら面白いくらい稼げちゃって。金銭感覚バグりましたね。1日で10万円とか稼げるんで。ホストクラブの初回に行きまくって、枕とかデートとかいろいろ時間使ってくれたらお金使って、みたいな遊び方してて。

大事なのは、担当が私に何をしてくれるか、どこまでできるか。お金使った子が偉いんだから、お金使ってる私を優先しろっていう戦闘民族でしたね笑。細客の子がシャンパン入れた日にわざと高額のシャンパン入れて被らせて泣かせたり。担当からしたら仕事増えるんでめんどくさかったと思います。

エースになりたいとかはとくになかったけど、使った金額分仕事して欲しかったですね。二人のホストを指名して、一人といい感じだったけど喧嘩したらもう一人のほうに高額使うとか、駆け引きも含めて楽しんでました。

本営で付き合うとかあったけど、所詮ホストで私以外の女とも会ってヤッてるやつが、他の店に行くなとか言う権利ないと思ってたんで。

最初に風俗始めるきっかけになったホストは、とにかく時間使って特別扱いしてくれるホストでした。そっからやっぱ尽くしてくれないと無理というか。お金稼げるってわかるとみんながっついてくれる感じが楽しくて、けっこう私は遊び散らかしてて、担当狂（一人の担当ホストにのみ入れ込むこと）じゃなくてザ・ホス狂いって感じかなぁ。金の切れ目が縁の切れ目ってわかってるからこそ、しばらくハマらせてくれたらそれでいいよってって感じです」

（24歳・風俗嬢）

(3)コア層:「娯楽のホスト遊びがいつしか義務に」

生活や人間関係の中心がホストとの関係になり、自分の生活費やその他出費を犠牲にしてまでホストに投資する。通常の生活を送るうえでの収入以上の金額をホストクラブに投じるべく、風俗やパパ活、借金などで資金を調達するケースが増える。

ホストにとって重要な客であることに誇りをもち、ホストとの擬似的な恋愛関係や自己承認欲求の充足に依存している。ホストからの承認が精神的支柱であり生活の中心であるため、ホストクラブに通う時間が優先でプライベートを犠牲にすることが多い。

ホストに嫌われたくない、担当の一番になりたい・なり続けなくてはならないという恋愛感情と義務感のバランスが崩壊している場合が多い。金銭を投じているからいまの関係が維持できているという自覚があるからこそ、一度引き上げた金額をなかなか下げられず、「◎◎◎万円使えている自分に意味と価値がある」と、自らを金銭の枠に当てはめてプライドを保っている。

「いま余裕で生活費滞納してますね。いまの担当は優しいんで『無理しなくていいんだよ、頑張ってるよ』って言われるんですけど。じゃあ先月１５０万円使ってた私が今月20万円しかもってこなかったら、いままでどおりの連絡頻度じゃなくなるんだろうな、使えない子って見なされるんだろうなって思ったら、生活費よりも担当に使うお金を優先してました。

ホストが『使うお金の金額がすべてではないよ』って言うのは営業トークなんですよ。だからむしろ頑張りを褒めてほしいです。あなたのためにこれだけ無理できるよ、頑張ったんだよってとこを認めてほしい。病んでると、逆にこれっぽちの金額で好きとか言ってごめん、ソープとかＡＶとかやって全部を犠牲にしてるわけじゃない私が一番になりたいとかガチ恋してる資格ないよな、とか思います。

いまの担当は、俺のために働けとか限界までやれとか、そこまで言ってくれないから、私はデリヘルでとどまってるのかも。自己肯定感の低さを金で埋めて、勝手にノルマつくって苦しくなってます。自分が風俗やってるからこそ、クソ客になりたくない。いい子でいたくて。結果都合いい子やってます。幸せなときもちろんたくさんあるけど、何やってんだろうなって鬱《うつ》になるときはあります。いつから娯楽のホスト遊びが義務になったんですかね」

（23歳・風俗嬢〈大学休学中〉）

(4)オブセッサー層：「時間とお金を担当にすべて捧げたい」

特定のホストに対して盲進的な忠誠を示し、他のホストクラブや店舗には一切行かず、すべての資金と時間を捧げる。俗に言う「担当狂い」。担当ホストの力になること、担当ホストに喜んでもらうこと自体が生活および人生の目的化しており、生活のすべてがホストのために回っている状態。

ホストに対する感情は恋愛を超えた執着や崇拝に近い従属と自己満足。ホストに「選ばれること」や「特別視されること」に強い価値を見出しており、担当と同じ目標を達成することに意義を感じる。

ホストクラブに通う女性客、4つの層

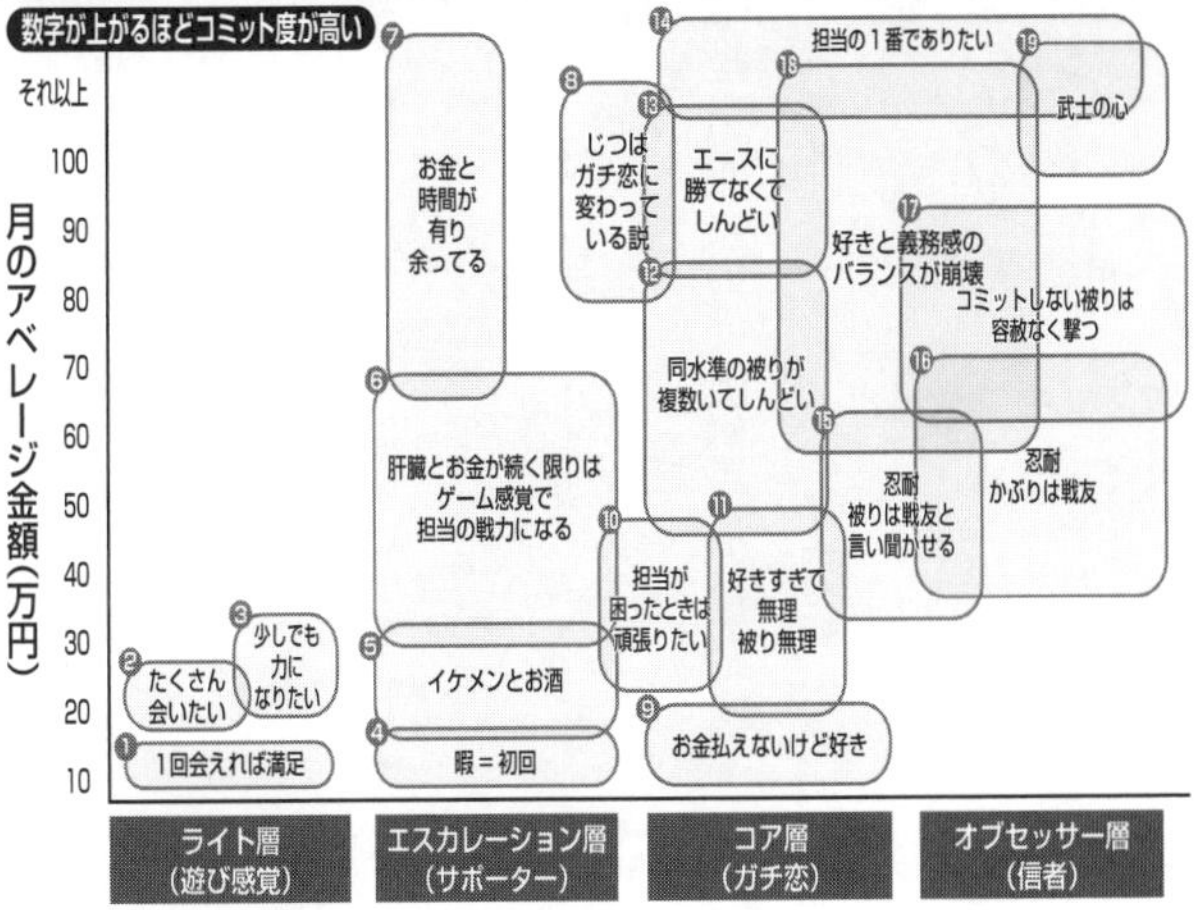

提供：「昼職ホス狂い@sake893corp」（一部編集）

ホストへの依存度は極めて高い。ホストからの評価や承認が絶対的な基準であり、ホストクラブに通うことが人生の中心に位置する。

「この人のホスト人生に、私の時間全部捧げようって。担当が年間2億円っていう売上の目標があるなら、私はそれが少しでも達成できるように努力するだけ。自分のためじゃここまでできなかった。いままでのホストは、適当に風俗出勤して稼いだお金を使ってちやほやしてもらえればそれで良かったんですけど。初めてこの人の目標を達成したい、壇上に上げたい、圧倒的ナンバーワンでいてほしいなって思って。その横にいる圧倒的ナンバーワンの女の子になりたかったんです。

お店でお金を使うタイミングも、全部担当任せです。私は最低ノルマの金額を稼ぎ続けるだけ。遊びじゃないホスト通いの楽しさとか、担当の凄さとかカッコ良さとかは全部私だけが知ってればいいです。ホストしてもらってお店で楽しんでる被りは、そっちの世界で楽しくやってくださいって感じ。

一回、自分に負けて働くのをサボってしまったときがすごい苦しくて。担当の横にいる資格ないなって。だから私は働き続けて、理想の自分で担当の側にいたいんですよね。担当のために風俗での出勤増やして、自己投資してパパ活でも稼げるようになって、海外出稼ぎも行けるようになって。すごい、私こんなになんでもできたんじゃん！無敵じゃん！　って。

この人のためにここまで捧げられる人なんて他にいないはずだから、高額使う被りができると正直焦るけど、それ以上に稼げばいいだけなんで。担当のために身体も人生もかけられないやつに負けないですよ。伝票で愛を伝え続けて、お店でキラキラしてる担当も、家ですっぴんでゴロゴロしてる担当も全部受け止めて愛してお金使えるの私だけなんで。どれだけ歪《ゆが》んでても、理解されなくても。私の人生はもともと何もなかったんだから、色をつけてくれた担当に全部捧げてお礼したいんです」

（23歳・風俗嬢）

いかがだろうか。各階層の女性たちの声を聞くと、それぞれ担当ホストとの距離感と使える金額によって、どこまで「ホストクラブでの評価基準」に己の価値が準じているかがよくわかる。彼女たちはホストクラブで疑似恋愛関係だけではなく、日々の仕事や担当への貢献といった頑張りを「承認」される対価として、金銭を払っていると言えるだろう。

ホストクラブで得られる承認の三段階

さらに、ホストクラブで得られる承認は大きく分けて三段階あると言える。

1つ目が、客が指名しているホストから受ける「個別の承認」だ。いわゆる「担当と私の世界」であり、ホストからのＬＩＮＥや受けた接客、店外など、担当ホストが自分に何をしてくれたかで得られる承認である。自分が使った金額に対しての担当ホストからの扱いが妥当なら、基本的に承認欲求は満たされる。

２つ目が「比較による承認」だ。ホストクラブに通い続けていると、次第に他の客が気になってくる。自分と同じホストを指名している被りや、自分と指名ホストの関係は妥当なのか、不当なのか、特別なのか。使っている金額や扱いなど、他の客と比べて自分はどんな顧客なのか。他のキャストから、自分と担当の関係性はどのように評価されているのか。それらを比較し、「良い客」や「特別な客」であることで承認を得るのである。

最後３つ目が「集団的な承認」だ。「個別の承認」や「比較による承認」を得るうえでは、ホスト個人のキャパシティや店舗のクオリティ・経営方針によって差が存在する。一方で、ホスト通いをしている顧客同士はＳＮＳを通じてつながり、より大きな集団で己の消費行動を比較し、承認する。こうして「集団的な承認」がなされることで、ホストクラブに通う女性たちは自らを分類し、消費者として適切な行動と承認を得られているかを比べ続けることになる。

「外見が良い＝稼げる女」という規範

ホスト通いによって顧客が得られる承認のなかで特筆すべき点として、大金を投じる女性の多くは「女らしさ」を資本として金を稼いでいることが挙げられる。キャバクラから風俗、立ちんぼ、パパ活、ＡＶなど、エロス資本を前提としたビジネスに従事する彼女たちは、容姿と経済力が直接的に結びついている。「外見が評価される＝稼げる人材」という価値観が根づいているのだ。

筆者がホス狂いの友人に担当被りの愚痴《ぐち》をこぼしていたとき、「そんな子どうせ稼げなさそうだから大丈夫だよ」という励ましをもらったことがある。容姿や性格を含めて、「女としての魅力がないから、ホストクラブに必要な金も稼げない」という意味なのだが、「稼げそう」「稼げなさそう」という言葉が、女性としての魅力を直接表現する言葉になっていることに衝撃を受けた。

こうした「外見が良い＝稼げる女」という規範が生まれたことにより、客は自己評価の軸が「金を稼げる容姿」となり、自己肯定感が上下する。自分の好きなファッションを楽しんでいるホス狂いを「甘い」と見なし、「オジサンウケのいい黒髪ロングにして清楚系に擬態もできないで稼げないとか努力不足だろ」という過激な意見も見られる。ホストクラブで大金を使うという行動は、それだけ「稼げる自分」という人間の価値を証明してくれるようになるのだ。

「担当に『稼げない女』って思われるのが本当に嫌で。可愛いね、綺麗だねとか言われても、人の基準ってそれぞれじゃないですか。でも私が風俗で月300万円稼いでたら、それだけの人が私を可愛いと思って指名してくれているっていう客観的評価なんで。目に見える形でわかるから、私には価値あるよ、そんな私を大事にしてねってホストに対して思えるんですよね」

（22歳・風俗嬢）

こうした思考が定着すると、「ホストに金銭を投じられなくなる＝己の存在価値がなくなるのでは」という不安に苛《さいな》まれることになる。人の魅力は金銭という一元的なものでは測れないが、ホストが客を評価する基準は投じた金銭である以上、客は金銭以外の己の価値を自ら削ぎ落とすことになる。

「釣り合っているか」を気にする女性たち

ホストクラブの客は使う金額が少ないと「細客」、多いと「太客」と呼ばれるが、ホストの売上によって左右されるため、具体的な金額の基準はない。とどのつまり、ホストの売上に対して自分が使っている金額の比率と、その比率に対してどの程度良い対応を受けられているかという金額と還元の「釣り合い」だ。

使っている金額以上の行動をホストに求めると、立場をわきまえない「痛客」と見なされる。金額を払えていない自覚がある客ほど、自分が使う金額的にホストにどのくらいの対応を求めてもいいのかを気にする傾向にある。

「シャンパンを入れたらアフターに誘ってみてもいいのかな？」「１日に１通ＬＩＮＥ

を求めるのは痛い？」とSNSにつぶやき、同じホス狂いに客観的に判断してもらおうとする。女性たちは皆、「わきまえた消費者」という体裁を守ったうえで、担当ホストから特別扱いを受けたいのだ。

性的資本を投入して稼いでいる女性たちは固定給ではなく出来高制であるため、稼ぎに波がある。そのためホス狂いは、ホストクラブで1カ月に使う金額「月アベ」、1日に使う金額「日アベ」を上げるための努力を惜しまない。夜の仕事の出勤時間を増やす、自己投資を深める、より過激な仕事に就く……。

そうして実際に大金を稼げているときはいいが、うまくいかないときもある。そんなときは、「担当に貢ぐためにどれだけ自己犠牲をしたか」という努力を認めてほしいのだ。金銭的な目標値は成し遂げられなくても、「俺のためにここまでしてくれてありがとう」「頑張ってくれてありがとう」と、目標にたどり着くまでのプロセスを評価してもらうことで、「ホストのために頑張れている自分」という承認は満たされる。

ノルマを課すホスト、自ら規範をつくるホス狂い

自らの性的資本を投入し、ホストのために稼ぐ女性がいる一方で、ホスト側から売春を勧められてノルマを課せられるケースも少なくない。

2024年11月11日には、女性客に売春目的の「立ちんぼ」をさせようとした疑いで、歌舞伎町の自称取締役のホストが逮捕された。「稼ぎが少ないと会えないよ」「最低でも10万」「他の子は稼いでいるから挽回しよう」といったメッセージを女性客に送っていたという。[*32] 大久保公園でちゃんと立って「仕事」をしているか、自撮りをさせていたとも見られている。

前述したように、女性客は「稼げる金額＝自分の価値」と刷り込まれているため、他の客と稼ぎを比較されようものなら、自分は努力が足りないし、被りよりも女性として価値が低いと思い知らされることになる。

ホストクラブは基本的に娯楽であり楽しむ場所だったはずが、「努力して担当の側に

居続ける場所」に変わっていく。「自分はこれだけしかお金を出せないから、担当に好きっていう資格はない」「1日10万円稼げなかったら人権はない」「担当に申し訳ない」と自ら歪んだ規範をつくり、「このくらい頑張って稼いでホストに支払ったんだから、ここまでの対価を求めていいはずだ」という独自の価値観を生み出す。

結果、大してお金を使っていない「細客」が担当ホストに何かを要求したり、頑張って稼いでもいないのに楽しそうにホストクラブに通ったりする客のことを不快に感じる。自らがつくり出した規範とのズレをＳＮＳで発信するのだが、周りからは、ホスト遊びをあたかも苦行のように落とし込んでいるように見えてしまうのだ。

自己肯定感をすり減らしながら特別感を得る

こうしたサイクルの背景には、「ホストのくれる言葉は基本的に営業トークであり、自分にしてくれる行為はすべて金目的である」という前提、決して金だけではない部分があると信じたい欲望、さらに「自分は痛い客になりたくない」というプライドがあるのではないだろうか。

自分が傷つかないために、相手はあくまでホストで自分は客だと言い聞かせる。好きな男に嫌われたくないという当たり前の感情があるなか、「大して金も使ってないのに勘違いしていろいろ求めてくる痛い奴」と思われたくがないために素直になれない。女の子として好かれたいという根本の欲望を隠しながら、せめて理想的な消費者として金銭を投じようと試みる。「お金を使えるから自分は価値があるんだ、担当から必要とされているんだ、好かれているんだ」と自己を矮小化することで、傷つかないように身を守る。

その結果、ホストクラブで寂しさを一時的に埋めることはできても、自己肯定感はじわじわと削られていく。ホストクラブで満たされる一時の特別感や優越感は、自己肯定感をすり減らすことで得られているのだ。

歌舞伎町の贈与論

なぜホストクラブは娯楽なのに通い続けると「義務感」を抱くようになるのか。この問題を考えるうえで引き合いに出したいのが贈与論だ。フランスの社会学者マルセル・モースの『贈与論』[*33]によると、贈与は①贈与する義務、②受け取る義務、③返礼する義務の3つで構成されている。贈与においては与える側ともらう側が存在し、互いの大切なものを交換して信頼関係を築く神聖な儀式である。

ホストは自分自身を「商品」として、時間や相手との関係性、時に自らの身体といった他の人間に同時には与えられない資本を提供する。対してホス狂いは身体を酷使し、自らの愛を伝えるために大切な金銭を送る。

ホストたちがしばしば「身体を売って自分のためにつくってくれた金」を、身体を売らずにつくった同額の金銭よりも重いものとして受け止める素振りを見せるのは、自らの重要な資本を交換して得ているものだという認識があるからではないだろうか。

客にとって担当に金を落とす行為は、ホストの売上を支えるとともに、金を使うこと自体が自分自身のステータスや価値を表現する手段になっている。客の金銭という「贈与」に対して、ホストは店内での接客に加え、顧客の支出に見合った特別扱いを「返礼」する。この返礼によって客は「自分は特別な存在である」と感じることができ、再び贈与へと誘導されていく。

一方でモース曰く、「贈与は負債を生む」。そのためホストは、自分が提供した接客以上の金銭を使われると、また何かしらの形で返礼を行なうことになる。ホストの返礼は物理的な価値だけでなく感情的な満足感も含まれており、客が自己承認を得ることでホストとの関係性が深まり、贈与と返礼のサイクルが強化されていく。こうして終わりなき贈与の連鎖が続き、さらには同じホストに贈与を行なっている客同士の競争が始まるのである。

贈与とサイクルの返礼が崩れるのは、経済的に限界がくる、恋心が冷めてしまう、贈与と返礼のバランスが不均衡になるなどさまざまだ。しかし、関係が破綻して別のホストを指名しても、基本的に行なわれることは前と変わらない。ホス狂いとホストは、歌舞伎町の規範としてつくられたシステムのもと、同じルールを違うキャラクター同士で再演し続けているのである。

福祉としてのホストクラブ

では、ホストが客に行なう最も基礎的な「返礼」は何か。それは「見ること」ではないか。自分という存在を担当に見てもらう、興味をもってもらう。普段どんな人間だろうと、歌舞伎町では金さえ払えば表面上は「姫と王子」という関係性が生まれ、「客」としてでも「見て」もらえる。

一般的なコミュニケーションや人間関係を築くことが苦手な人間にとって、異性として扱ってもらったり、自分に興味をもってもらえたりすることは極めて依存性が高い。それを与えるホストクラブは非常に希少な場所と言える。

行政が現代の若者を経済面には支援できても、「女の子として自分を見てもらえる」という福祉を提供することは難しい。じつはホストが顧客に提供している「関係性」

は、福祉的な側面もあるのではないだろうか。

ホストクラブ後遺症

本章を執筆していて、はたして「わかりやすい愛の承認」は幸福につながるのか、ということを考えさせられた。

ホストは、自分に対する客の「興味」や「好意」を連絡のマメさや時間外労働、性行為といった目に見える形で承認する。さらに「俺のために頑張ってくれてありがとう」という努力の承認を、金銭という目に見えるものに対して行なってくれる。恋愛感情や信頼を含む「関係性」を、金銭や時間外労働、性行為という目に見えるもので承認するので、目に見えない気持ちや金に変えられない言葉による愛が軽視される傾向にある。

それはいずれ、無償の愛への懐疑につながる。歌舞伎町では金銭を通じた有償の愛は確実に存在するが、無償の愛は存在しない。自分の気持ちも相手のことも信じられない人間にとって、目に見える形での承認や愛は必要不可欠なものとなり、それによって自分や他者の価値を測ってしまう。

筆者もバリバリのホス狂い時代は、金銭などの有償なもので愛を測る傾向が強かった。目に見えないものは信じられず、自分の価値や互いの関係性をわかりやすく示してくれる歌舞伎町が心地良かった。いまになって振り返ると、傷つきながら人と向き合うことから逃げていたようにも思える。

いまでも、他人と関係性をつくるときに軽率に奢ろうとしたり、「お金も払っていないただの私と一緒に時間を過ごすことが、この人にとってメリットになっているのだろうか」と、目に見えるものを差し出さずに誰かと一緒にいることに不安を覚えたりすることがある。相手と自分の立場を勝手に有償の物差しで測り、そこに差があれば金銭で埋めようとする歌舞伎町・ホストクラブの後遺症は、依然として筆者のなかにも残っている。

こうした歌舞伎町ナイズされた価値観はなかなか消えず、歌舞伎町で日常を過ごしている人間ほど強固になっていく。それは客だけではなく、ホスト側も同様だ。こうした「搾取と依存」の複雑な構造によって、歌舞伎町やホストクラブは成り立っているのである。

次章では、そんな「搾取と依存の温床」として昨今社会問題になっているホストクラブの売掛問題について、筆者なりの私案を提言していく。

第4章のまとめ

- ホス狂いとは、多大な自己犠牲を伴ってでもホストクラブに通う客のこと。
- 女性客がホスト通いにハマる理由の1つに「大金を稼げる・使える自分は凄い」という承認欲求が満たされる部分もある。
- ホストクラブの客は、依存度の低い順にライト層、エスカレーション層、コア層、オブセッサー層に分類される。
- 歌舞伎町には「外見が良い＝稼げる女」という規範が染みついている。
- ホストが客に提供する「関係性」には、行政ではカバーできない福祉の側面もある。

第5章 売掛問題解決のための緊急提言

「歌舞伎町の病」としての売掛金

２０２３年11月、歌舞伎町を中心としたホストクラブの利用客が高額の借金を背負う「売掛問題」が国会で話題に上がった。同月30日には、消費者庁が「ホストクラブなどにおける不当な勧誘と消費者契約法の適用について」[*34]として、デート商法に基づき悪質な売掛を含む支払いを取り消せる可能性に言及した。

筆者は売掛システムに全面的に反対の立場を取るが、それは何も「ホストが若年女性を騙して風俗に沈める悪質なもの」だからではない。そもそも売掛システム自体が不健全であり、ホストも客も自らの首を絞める制度だと考えるからだ。

本章ではまず売掛システム、また類似したものとして立替システムについて説明し、その制度によってホストクラブ産業にどのような影響を与えているのか、そして今後付随する問題をどう解決すればいいのかを考える。

売掛金とは簡単に言えば、店舗へのツケ払いだ。店舗ごとに毎月決まった日にちに「入金日」が存在し、その日までにツケを支払えば、月の売上として計上される。売掛金の支払いが間に合わない場合、担当ホストの給与から天引きされる。ホストと客の信頼関係の上で、ホストに営業の幅を、客に支払いの猶予をもたせるシステムである。

売掛が昨今問題になっているのは、返済のために（売掛だけではなく、そもそもホストクラブで遊ぶ代金を稼ぐためでもあるのだが）性風俗や違法売春を行なう女性が後を絶たないからだ。売掛金はいわば借金である。女性客が返済のためにホストから売春を強要されるのみならず、逆に女性客がわざと売掛金をつくり、その支払いを怠ることでホストに借金を肩代わりさせるなど、ホストと客双方に影響を及ぼしている。

売掛のシステムが常態化していたときのホストクラブでは、月の売上の３割以上が売掛金でつくられていることも珍しくなかった。ちなみに、ホストクラブでは現金払いがスタンダードだ。２０２４年４月より前は、クレジットカードの決済手数料としてプラス10％かかる店舗が多く、夜職で日払い・現金払いで得た金銭を使う女性が多かったためである。

売掛が全廃されても残る、立替という抜け穴

先ほど述べた２０２４年4月は、歌舞伎町の大手ホストグループらが売掛金の全廃を表明した時期である。だが、売掛システムがなくなって万事解決……とはならない。売掛とは別に、「立替」という仕組みが残っているからだ。売掛と立替は何が違うのか。歌舞伎町のラストオーダー直前によく交わされる、ホストと女性客の会話を見てみよう。

ホスト「今日ラスソン取れそうだから、シャンパン入れていい？　会計50万円くらいになるんだけど」

女性客「ええ、入金日来週だよね？　いま現金10万円しかないから、売掛（ツケ）になっちゃうし、さすがに1週間でいまから40万円稼ぐのはキツいかな……」

ホスト「いくらなら入金できる？」

女性客「うーん、半分の20万円くらいなら……」

ホスト「じゃあ20万円でいいよ。残りは俺が立て替えておくから、来月中に返して。お前のこと、信用してるし。今日ラスソン取れたらアフターして朝まで一緒にいよ」

女性客「本当に一緒にいてくれるの？　じゃあうん、立替ならいいよぉ」

このように、売掛では顧客が店側にツケ払いをするが、立替ではホストが顧客の代わりに支払いを済ませ、個人の貸し借りにする。歌舞伎町では、入金日までに支払える金額なら売掛、難しい場合は立替にするのが一般的だった。売掛が全廃された２０２４年４月以降は入金日自体がなくなったが、顧客が手元に現金をもたなくても飲食代を借金させ売上を立てる立替のシステムは残っている。

「『売掛なくなりました！』とか『ウチは１００％現入（現金で全額支払うこと）です！』とかいう店舗がありますけど、ほぼ嘘だと思っていいですよ。売掛は店管理、立替は個人管理って体裁はあるけど、立替も店舗管理にしている店もありますから。店がホストに金を貸して、その金で立替させるとかもありますよ。立替の時代って感じですね」

（30代・月間1200万プレイヤー）

なぜ手元に金がないのに遊ぶのか

そもそも、売掛にせよ立替にせよ、なぜツケ払いの慣習はなくならないのか。遊ぶための金が手元にないにもかかわらず、「娯楽」であるホストクラブで大金を使ってしまうのはなぜなのか。

客の心理的要因として挙げられるのは、担当に頼られた嬉しさ、売上に貢献したいという思い、ライバルに勝ちたいという競争心、担当ホストから好かれてより良い扱いを受けたいという承認欲求などだろう。

また、歌舞伎町に顕著な事例としては「また稼げば返せるか」という楽観的な思考もあるだろう。その稼ぐ手段はまさに、パパ活や風俗、立ちんぼなど、女性性を売ることである。

「風俗で1日12時間出勤すれば最低でも5万円は稼げるから、10日あれば50万円までの売掛は大丈夫だろう」と、稼ぐ見込みに基づき遊ぶことが習慣になる。売掛の返済日前になると夜の出勤時間をいつもより長くしたり、普段より安い金額で路上に立ったりして現金をかき集めるホス狂いが増えるのは、女性性を売ることでツケ払いを担保する歌舞伎町の文化にほかならない。

「掛け縛り」によって太客に育てる

そもそも、「なぜホスト側も女性客に売掛をさせるのか。接客当日に金を回収してしまったほうがいいのでは」と疑問に思われるかもしれない。

ホスト側からすれば、女性客に売掛をさせることで、客として「囲い込む」ことができるのである。金銭によって持ちつ持たれつの構図をつくり、互いの関係性を深めていく。しかしこの手法が行き過ぎると、自分に金を使わせるために夜の仕事を強要するこ

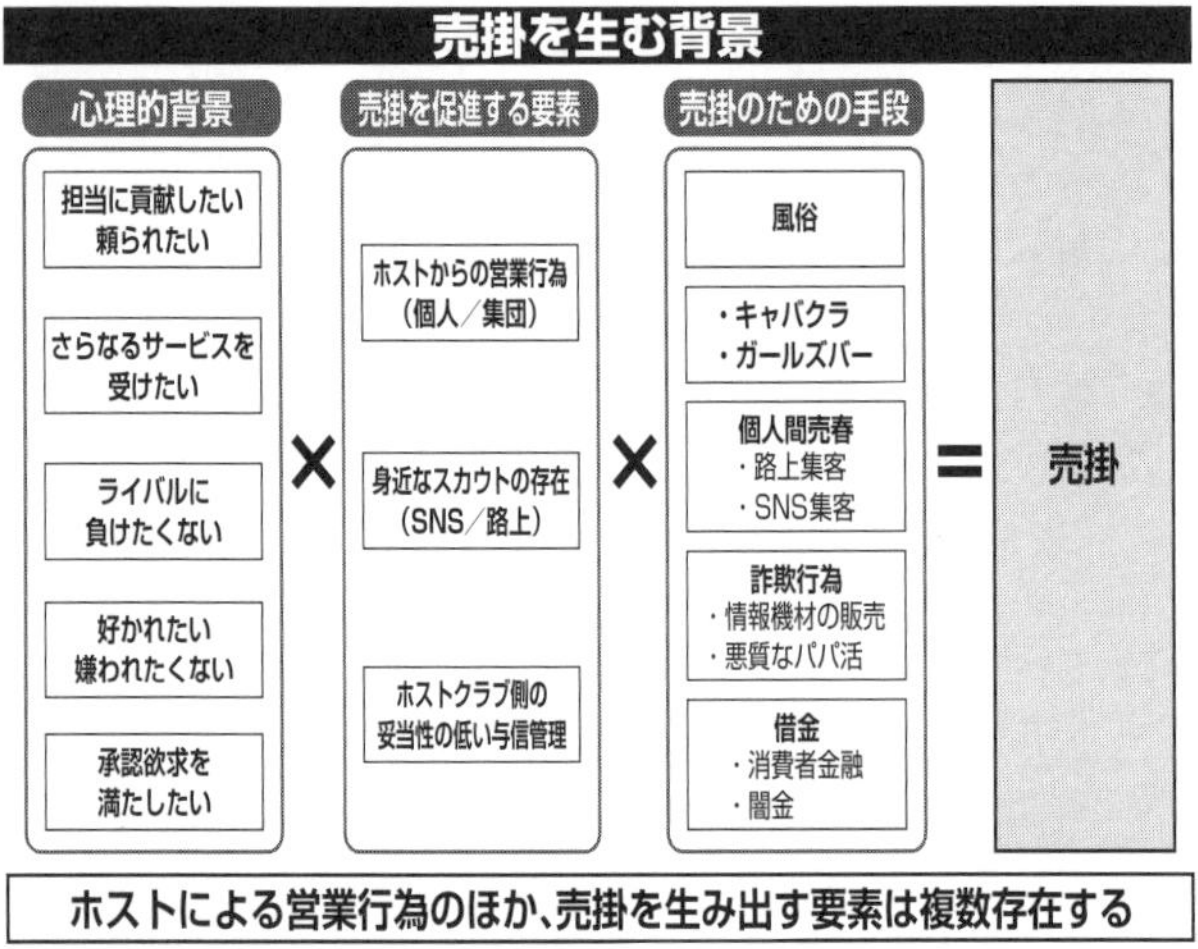

提供：「昼職ホス狂い@sake893corp」（一部編集）

とにつながってしまう。

「ホストクラブに行き始めた友達の話ですけど、ホストって1回2、3万円でも遊べるから、自分の収入に見合った額ならいいんじゃないって思ったらしいんです。アイドルのコンサートとかと比べたら、好きな人と真横で話せるわけだし。

でもホスト側に呼ばれたら嬉しくて行くようになっちゃって。シャンパンとか入れたいって言われてて。月収20万円くらいの子だから当たり前に貯金は吹っ飛んで、カード限度額ギリギリまでいってて。本人も断らないで了承しちゃってるの見て、やばいかもなって……。

いま担当ホストから『夜の仕事やらないの？』って言われてるみたいです。『俺がお前くらい可愛かったら、ギャラ飲みとかキャバやって月１００万円くらい稼ぐけどね』って。女の子のことも褒めてるじゃないですか、可愛いって。うまいなって思いましたよね」（のちの取材で、彼女の友人はその後２カ月でデリヘルを始めて担当ホストに貢ぎ、さらに1カ月後には昼の仕事を辞めていたことが判明した）　（20代・女性）

売掛金という借金を勢いでつくらせ、返済するまでは関係性が切れないことで客との関係性を固める。やっと返したと思ったら、また新たな売掛金をつくる……。俗に言う「掛け縛り」をすることで女性の稼ぎのリミッターを徐々に解除していき、立派な「太客」に育て上げるホストも存在する。

毎月決まった金額を使ってくれる固定客がいることで、自分の売上の皮算用を立てることができる。女性性で稼ぐ客も、顧客のメンタルと稼ぎ次第で売上が変わるホストも、つねに泡銭《あぶくぜに》の皮算用で生きていると言えそうだ。

売上とメンツのため、ホストが「自腹」を切ることも

ホストが売掛をつくりやすいイベントとして、「売上バトル」というものがある。「その日に最も売上を上げた奴が勝ち」という身も蓋《ふた》もないイベントで、店舗ごとやグループごとに開催される。

女性客は、ただ担当の顔を立てるために高額を使い（しかもイベントでは客の多くが高額を使うので、自分だけが目立てる・チヤホヤされるといった特典がない）、担当は担当で上司からの圧力と部下の前でメンツを保つために無理な売掛・立替を行ないやすい。ホストが売掛をしてでもその日の売上、その月の売上を確保したいのは、こうした心理的なプレッシャーがあるからだ。

さらに、「1000万」といったキリの良い数字や、「◎◎カ月連続ナンバーワン」といった称号を維持するために売掛をするケースも多い。なかには、売掛を飛び越えて「自腹」で数百万円を補塡してでも、ナンバーを維持するホストも少なからず存在する。

「売れっ子」としてのパブリックイメージを確保すること、もしくは一度でも売れっ子としての称号を獲得することでその後の見込み客へのアピールポイントを保持しようと、金を回収できるかわからない相手に無理な売掛をさせてしまう場合があるのだ。

売掛を飛ばれてからがホストの始まり？

こうしてホストは客に売掛をさせると、ＬＩＮＥで毎日メッセージを送り、時間外労働をして「売掛金をしっかりと支払ってもらえる関係性」を構築しなければならない。彼らも客から売掛金を回収できなければ、同額の借金を背負う。

そのリスクが店舗では軽視され、「女性客に身体を売らせれば回収できる」という杜《ず》撰《さん》な与信管理に基づく売掛がなされている。そうした客の収入源を前提としたシステム設計が、売掛問題の根本的な要因だ。

こうした状況が常態化していた歌舞伎町では、売掛によるトラブルが日々多発していた。客側の問題としては、借金を重ねたり、担保もない状態での売掛による飲食を繰り返して金銭感覚がさらに麻痺《まひ》したり、稼げるかわからないギリギリのラインでのギャンブル的な感覚での消費行動をしたりすることなどが挙げられる。

実際、筆者の周りのホス狂いのなかにも「マジで間に合わないと思ったけど、パパ活でギリギリ稼げた」と笑顔で話す女性は少なくなかった。すぐに支払えない金額の売掛をすることで、ますますハードな性風俗に移行するケースや、パパ活で嘘の理由をつくって高額を引っ張る詐欺行為の引き金になりかねない。

対するホスト側も、売掛による負のスパイラルに陥る場合がある。回収できていない見せかけの売上が重なることで、自転車操業状態になり、売掛金と立替金の肩代わりに現金が消えていくこともある。

ホストにとって売掛は「飛ばれるかもしれない」ギャンブル的な収入であり、売掛をすること自体が一種の中毒につながっていることもある。筆者の指名していたホストは、初対面の女性に120万円の売掛をさせ、しっかり飛ばれて借金を背負っていた。彼は「他の店にも通ってたって情報を知ってたから回収できると思ったけど、バーストしたね笑」と、ギャンブルにたとえて説明していた。

ホストも女性客も、ホストクラブで提供する・提供されるサービスへの適切な金額評価を超えて、ギャンブル的な高額の金を「使う・使わせる」ことへと目的がズレてしまっているのかもしれない。ホストクラブがこうした売掛を前提としたビジネスモデルを続けている限り、長期的な視点で見たときの業界全体の評価は下がる一方でしかないだろう。

わざと売掛をする女・飛ぶ女

とはいえ、世間では「ホストが言葉巧みに女性に売掛をさせ、無理やり風俗で働かせている」というストーリーばかりが語られている節がある。歌舞伎町に「ヤバいホスト」が大量にいるのは事実だが、一方で「ヤバいホス狂い」も同じく存在する。

むしろホストが人を信じられなくなり、常識的な金銭感覚や思考から外れてしまう背景には、そういう女性客の洗礼を受けるからといっても過言ではない。

売掛で勝手にシャンパンを入れて売掛を飛ぶ無銭飲食客は論外として、金があるようにわざと振る舞い、ホストに散々先行投資をさせたうえで逃げる「時間泥棒」もいる。金持ちのフリをしてホストに枕を強要し、散々手厚くされた末に料金を支払わない。そんなことをされたらホストの心も荒《すさ》むのである。

こうした〝タチの悪い〟女性客がいる現状も踏まえると、売掛というシステムはホストにとっても女性客にとっても有益とは言えないだろう。

夜職のスカウトとインフルエンサーの〝共犯〟

ここで、売掛・立替に関連して、ツケ払いが蔓延《はびこ》る歌舞伎町の「搾取と依存の構造」を深掘りしていこう。

まず、歌舞伎町で女性が自らの性を軽々に売る背景には、風俗などの夜職を斡旋するスカウトの存在がある。和久井健の漫画『新宿スワン』（講談社）で、歌舞伎町のスカウトについて知った人もいるかもしれない。女性が歌舞伎町を歩けば、当たり前のようにスカウトから声をかけられる。彼らは組織的に夜の仕事に人を斡旋し、その紹介料とバックで利益を上げている。風俗店に女性を１人紹介し、その女性が月に１００万円を稼いだ場合、スカウトの収入は10％の10万円である。

インスタに自撮りを上げ、歌舞伎町界隈の人間をフォローしていると、スカウトからDMが送られてくる。一般人として生きているだけなのに、容姿のレベルを評価され、まるで肉のように等級をつけられる。

すると「値付け」された女性は効率よく容姿を磨き、より高い値段で多くの人間に買われることで大金を稼ぐ。そのためには「自分を高く評価してくれて高給の夜職につないでくれるスカウトを選ぶべき」という投稿もＳＮＳで見られる。

こうした現状に、インフルエンサーが一役買ってしまっていることをご存じだろうか。港区や歌舞伎町界隈で活動し、夜の業界と関わりのある容姿端麗のインフルエンサーは、ＳＮＳでハイブランドやコスメのプレゼント企画を行なう。企画にはスカウトが出資し、影響力の大きい女性とコラボすることでフォロワー数を伸ばす。美容や整形、ホスト通いのためにお金が必要な女性に自分の存在を認知させ、いざというときにスカウトとして夜職を紹介できるように種まきしているのだ。

ホス狂いのなかには「このスカウトさんに変えてから、収入が月100万円上がって担当にも好かれて、毎月タワーできるようになった！」というサクセスストーリーを投稿し、コラボ代としてスカウトから数万〜数十万円の利益を得ている場合もある。昨今は売春斡旋としてスカウトの逮捕が相次いでいるが、一般女性を夜職に誘導しているのはスカウトだけではなく、夜の世界に関わりのあるインフルエンサーなのだ。

歌舞伎町の文化として、身体を売ることが否定されることは少ない。女性性を売ることによるビジネスがあまりにも多いからである。

こうした一連の流れを踏まえ、警察はホストとスカウトのつながりを問題視し、摘発に力を入れている。以前はスカウトとホストが手を組み、女性客の稼ぎをスカウトがホストに報告することで女性客の経済状況を把握し、管理する手法が主流だった。

しかし、いまは警察の捜査が厳しくなり、スカウトや路上キャッチとホストクラブが表立ってつながることは大きなリスクとなった。スカウト経由で夜職を始める女性が多い現状も踏まえれば、女性を保護する目的だけではなく、ホスト業界を持続可能なビジネスにすること、そして逮捕のリスクを避けるためにも売掛や立替に頼らないビジネスモデルに切り替えていく必要があるだろう。

色恋営業禁止の衝撃

とはいえ、仮に若い女性が歌舞伎町で夜の仕事をするならば、コスパ良く・タイパ良く金を稼ぎたいと考えるのは当然とも言える。友人が「なかなかお金が稼げない」と相談してきたらデリヘルとソープの稼ぎの違いを善意で教え、「私の使ってるスカウト優秀だから紹介しようか？」と売春斡旋の手助けをしてしまうようなケースもある。

ホストも、女性客が自ら夜職を頑張るつもりなら止める理由はないし、自分の使っているスカウトのほうが信頼できる（ついでに紹介代をもらえるし、女性客の稼ぎも把握できる）からと紹介する。こうした斡旋を事業として行なっていると法的にアウトなのだが、「仕事した分のバックをもらってはいるが、善意」という人間もいるのが厄介だ。

ホストの色恋営業にも同じことが言える。店舗を通しての色恋は疑似恋愛とわかっているのだから、楽しませて夢を見せた分の対価であり、本当は結婚していようが彼女がいようが、そうではない体裁・設定を保つことがプロだと考えている（結婚営業は男女ともに詐欺行為に抵触する可能性が高い）。客が金を使いたくなるようなストーリー設定をつくるのも「演出」として必要だと考えているのだ。

キャバクラで働く理由が他の男に貢ぐためだとしても、客にそう言えば売上は伸び悩むので、「留学費用を貯めるため」「親に仕送りをするため」といった設定をつくる。それは客の望むキャラクターを演じる行為であり、むしろ客のため、ひいてはよりお金を使わせるためという認識だ。

この手法を、店舗を挟まないパパ活などで使うと、金が必要な理由と実際の用途が違うため、詐欺になるリスクがある。それでも彼女たちはあくまでも「設定」だと認識しており、詐欺行為をしている感覚は薄いようだ。

実際、パパ活をする女子同士では、妊娠検査薬の画像や借金の書類のつくり方の共有や写真の横流し、頂き女子りりちゃんのように「どうやったら金を引っ張れるか」の設定までアドバイスし合っていた。ホストは夢を見せることと騙すことの境界が店舗を挟むことで辛うじて明確化されているが、パパ活は個人で直接金銭を受け取るという危う

ホストと客を巡る法律関係

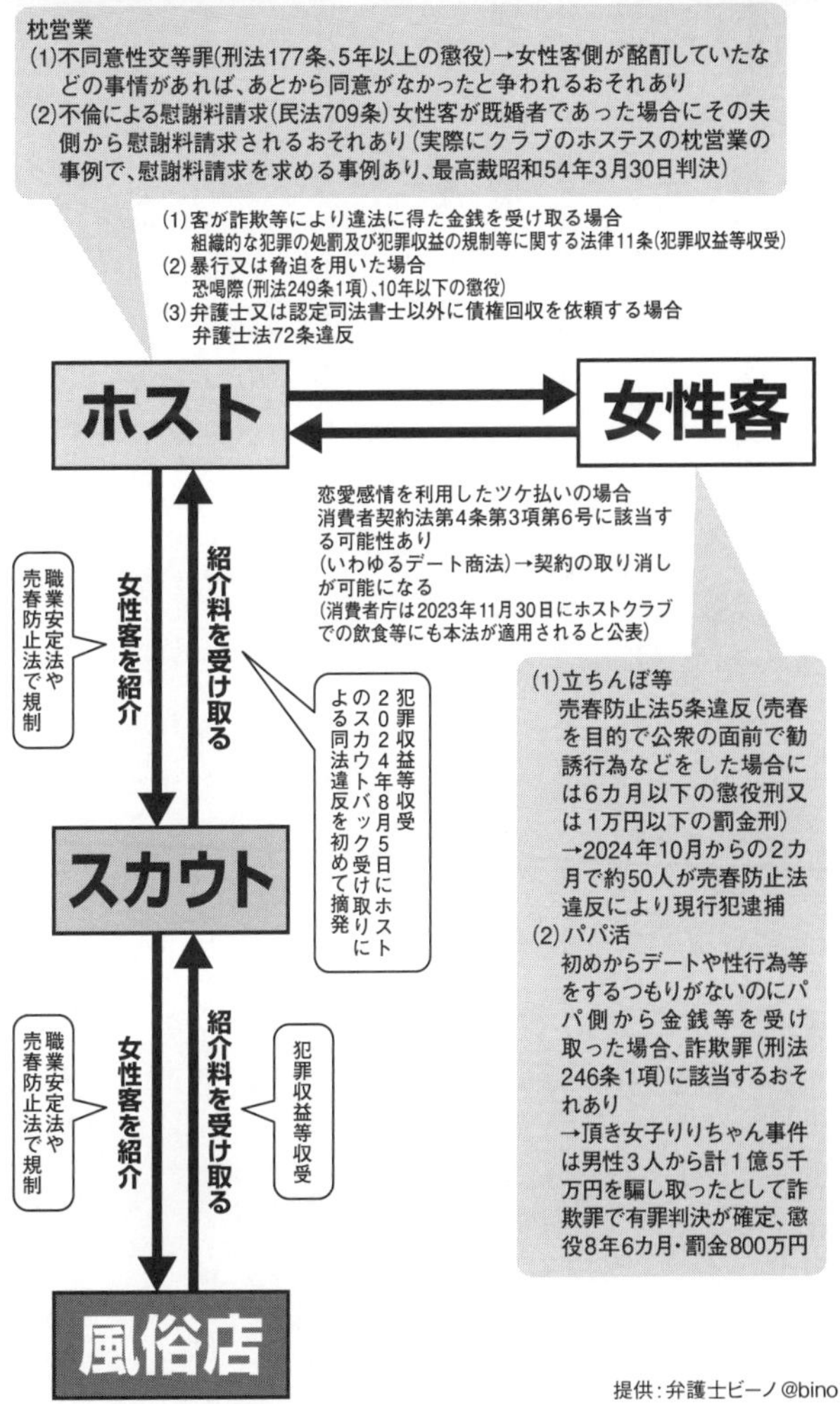

提供:弁護士ビーノ@bino

さがある。

ただしホストも、女性客が詐欺などの違法行為でつくったと知っている金を受け取る行為は組織犯罪処罰法違反（犯罪収益等収受）として逮捕される。

また警察庁は2024年12月、いわゆる色恋営業の禁止を発表した。[*35] 具体的には、「売り上げトップになれなかったらもう会えなくなる」などと恋愛感情につけ込んで客を依存させ、高額な飲食をさせる手法を禁止し、違反した場合は営業停止などの行政処分の対象とする方針だ。

ただ、これまで見てきたように、ホストにハマる女性客の姿はじつに多様だ。本人の特性や家庭環境、ホストとの関係性など複雑な問題が絡み合っており、色恋営業を禁止すれば「搾取と依存の構造」を解決できるとは思えない。そもそも「どこからどこまでが色恋か」という線引きも難しく、運用は慎重に進める必要があるだろう。

ホストが弱者男性になる前に

ここまで読んだ方はお気づきだと思うが、ホストは一概に「甘いマスクに甘い言葉で女性を狂わせ、若くして大金を稼ぎ出す強者男性」とは言えない。結果を残せなければ低く扱われる過酷な仕事であり、稼げたとしても社会的信用度は低い業種である。

また、昨今マスコミはホストが逮捕された際、「飲食店従業員」ではなく「ホストクラブ従業員」と報道する。ホストクラブを「飲食店」としていた風営法は生活安全課・保安課が対応しているが、最近は組織犯罪対策課がホスト業界を「トクリュウ」（匿名・流動型犯罪グループ）と見なして捜査している。

さらに枕営業では、性的同意の基準が厳しくなったことによりリスクが高い行為になった。女性客と枕を交わしたあとに「シャンパンを煽らされて泥酔させられた」「レイプだった」と断罪されかねない。

ホストは長年、どんな過去がある男性でも真っ当に高収入を得られる可能性のある数少ない職業の一つだった。野心のある若者たちの希望の光が潰《つい》える前に、売掛・立替問題などの諸問題について、たんに顧客保護の視点で語るだけではなく、ホスト側のリスクや課題を含めて歌舞伎町の構造全体を考える必要があるのではないだろうか。

売掛・立替問題解決のための3つの提案

最後に、表面上は禁止になってもいまも残る売掛・立替問題に戻り、課題解決のための具体策を3つ提起したい。

1つ目に必要なのは、ホストクラブ業界内での意識改革である。「売掛はダサい」という風潮は以前からあり、その結果、立替をしたり自腹を切って見栄を張ったりするホストが多かった。現実問題として、見栄を張りたい人間がゼロになるとは思えない。だからこそ「売掛・立替ともにダサい」と見なす空気の醸成が必要だろう。いくら売掛や立替によって売上があるように見せていても、現金が少ないホストは身だしなみや生活ぶりにボロが出る。ならば、一時的な見栄やプライドのために無茶な稼ぎ方や立替に頼るべきではない、という規範をつくるべきだ。

そのためにはキャストだけではなく、店舗・経営側の意識も変えていかなければならない。店舗が売上を上げるためにホストに売掛を推奨させる行為は、ホストが借金を背負うだけで、売掛による店舗の実害は低いのが現状である。原価1万円のシャンパンを10万円でおろしたのを客に飛ばれた場合、1万円ではなく10万円をホストが支払わなければいけないことからも、ホスト経営者にとっての顧客は女性だけではなくホストだということがよくわかる。

経営側は、ホストに一定の収入を得る持続可能な働き方を提示し、従業員を守るべき存在だということを再認識すべきだ。たんに内装を豪華にしたり、女性客を夜の仕事に誘って大きな売上を上げたりする以上に、ホスト個人としても店としてもともに長く繁栄していく覚悟があることを共有する必要がある。

2つ目に、システムの改善である。店舗が管理する売掛金はまだしも、ホスト個人と顧客の間で生まれる立替金の実態は明確ではない。まずは店舗として、ホストがいったいどれほどの金額の立替をしているのか、どれだけ回収可能なのか、現状の把握が急務である。

また、客がたとえば詐欺行為によって得た金をホストクラブで使うことでホスト側が責任追及されないために、客に以下のような念書にサインさせている店舗もある。

「私は、貴殿の飲食代金のお支払いの際に、組織的な犯罪の処罰及び犯罪収益の規制等に関する法律第11条に規定されている犯罪（窃盗、詐欺、横領罪等）により取得した金銭、犯罪行為によって生じ、若しくはこれによって得、または犯罪行為の報酬として得た金銭、犯罪行為の対価として得た金銭でお支払いをしないことを約束します。また、万が一、そのような金銭を貴店へお支払いをしたことが発覚した場合には、直ちに入店禁止措置となることも理解しました」

　このようなリスクヘッジは必須であり、店舗としてキャストのリスク管理教育を行なうことが必要だろう。筆者が前に指名していたホストは、能天気にも「俺のエース？　結婚詐欺師！」と笑顔で話していた。詐欺で得た金銭の授受がホストにとって大きなリスクになることを、グループ・店舗として組織的かつ定期的に周知すべきである。

　最後3つ目に、行政・社会の関わりだ。そもそもホストも一人の人間で、ほとんどは若年男性であり、行政・社会が手を差し伸べる対象である。社会から除《の》け者にされればホストたちの不信感は増し、問題を自らで解決しようと苦しんだり、社会から逸脱した行動を取ったりしかねない。

コロナ禍でホストクラブが「夜の街」「感染の温床」と揶揄《やゆ》されていたとき、当時のホストたちは行政に絶望していた。一部のNPOでは、わざと客から売掛をされたり、客が他の人間とグルになって恐喝して金銭を要求されたりしたホストの悩み相談も受け付けているが、依然として「ホスト＝騙した加害者」「女性客＝騙された被害者」という見方は根強い。

そんなとき、感情論ではなく、法に則って一つひとつの事例に対応する行政の存在は不可欠である。ホスト側も、行政は決して敵ではなく、時に自分たちを助けてくれる頼れる存在だと認識すべきだ。ホストクラブと行政とともにコミュニケーションを怠ることなく、双方の信頼関係を築いていく必要がある。

また女性客も、ホストクラブ通いは娯楽だが、行きすぎると依存症として扱われる行為であることを自覚するべきかもしれない。「ホストクラブ依存の症例報告[*36]」という論文が提出されているように、依存症クリニックに通う女性がいることも事実である。

とはいえ、治療を施せるサポート体制は他の依存症に比べて不十分なのが現状だ。パチンコの自己申告・家族申告プログラムのように、来店回数や使用金額の上限を超えると入店を制限するようなシステムづくりも考えられよう。

ホストクラブを排除するのではなく、変革を

水商売は寿命が短い仕事である。年齢、体力面、精神面からも、持続可能な稼ぎ方・働き方をしている人は少ない。とくに歌舞伎町には「若いときに無理をしてでも大金を稼ぐ」という価値観が根付いており、悪質な店舗では男女ともに従業員を使い捨てている側面があるのは否定できない。

売掛・立替問題をはじめとした現在のホストクラブの仕組みをこのまま続けていれば、将来的に破綻してもおかしくない。同じことは、ホストに大金を注ぎ込む夜の業界で働く女性にも言える。

ホストクラブ業界をより長く繁栄させ、応援される存在に押し上げるために必要なの

は、持続可能性である。売掛・立替の問題が浮き彫りになったいまこそ、犯罪や悪質な売り方に加担しない業界に変わるべきときだ。

これまで述べてきたように、ホストは究極の感情労働・肉体労働・アイデンティティ労働であり、その複雑な働き方によって積み上げてきた知見は、他の職種にも活かせるはずである。ホストの仕事としての魅力に目を向ければ、彼らのセカンドキャリアも輝かしいものになるかもしれない。

少なくとも、筆者はホストクラブに出合ったことで、人生が（どん底の時期もあったが総合的に見て）潤い、好転した。そんなホストクラブという場の本質を見ずに排除するのではなく、時代と社会に合う形で変革していくべきだ。社会にとって必要なものとしてホストクラブが存続していくために、筆者自身はこれからも「歌舞伎町ライター」として関わっていきたい。

第5章のまとめ

- 「売掛」（ツケ払い）がなくなっても、ホスト個人が客の支払いを肩代わりする「立替」という抜け道は残る。
- ホストは売上とメンツのために、売掛でも立替でもない「自腹」を切ることもある。
- 売掛はホスト側からだけではなく、女性客側から持ちかけることもある。
- 色恋営業が禁止されても、歌舞伎町の搾取と依存の構造がこれで解決されるかは疑問。
- 売掛問題解決には、業界の意識改革、店舗のシステム改善、行政・社会の関わりが必要。

第6章 歌舞伎町は若者の価値観の最前線

他人に値札をつけられ続ける若者たち

ここまで、歌舞伎町におけるホストの労働内容から、客がホストクラブに通う理由、そしてホストも客も自分の容姿や技量が「稼ぐ力」に直結する特殊性について触れてきた。これらは歌舞伎町の特異な部分であるが、じつは現代社会全体に浸透しつつある。本章では、現代の若者の価値観・消費行動が歌舞伎町で顕著に表れている点について論じていく。

ホスト業界は売上という数字で個人の評価が可視化され、ランキングがつけられる。そもそも入店するときから自分が「商品」として見定められ、売れそうならば高い時給をつけられる。これはホストに限らず夜職全体に存在する価値観・システムであり、売上という数字を見込める容姿・スタイル・ＳＮＳのフォロワー数などを付加価値として値段が決められるのだ。

いまや夜職以外でも、ＳＮＳの「いいね」やフォロワー数、仕事でのＫＰＩなど、可視化できる具体的な数値が労働価値を左右する傾向は強まっている。若者が会社に「スキルアップの機会」を求め、個人としての能力を効率よく高めようとする風潮があるのも、組織に所属するだけでは安心感が得られず、流動的な市場で生き抜くための価値を高めたいという意識の表れだろう。

経済停滞やコロナ禍によって、「安定した仕事・会社」という幻想が打ち砕かれた若者たちにとって、一般の労働者でも個人としてのブランドを確立し、転職や独立といった新しい選択をする際に「評価される」数字や記録をもつことは必要不可欠なのだ。

他者からわかりやすく評価される基準に自ら身を寄せることが、結果的に効率よく人生を乗りこなすことにつながると考えられているのである。自分自身（が生み出す仕事）を価値がある商品に昇華し、資本主義社会で他者から値札をつけられ買われる点は、一般の労働者もホストと遜色ないのではないだろうか。

他人の「バズ」のために品評される

さらに、一般人が自分のブランディングを高めるためにSNSで投稿した画像や発言が、他者に簡単に流用されるのも現代ならではだろう。

これまでも芸能人の写真や発言が切り取られ、「俳優の誰々が言っていた名言」といった投稿がSNSでバズるのはイメージしやすかった。また、整形している芸能人をまとめたり、「この顔に近づくには」と美容・垢抜けテクニックを披露する際の参考画像として芸能人を使うアカウントは想像しやすい。

一方で最近では、そうした発信に一般人の写真が使われている。「港区ウケするのはこの顔」「キャバクラで時給2万円以上稼げるのはこのファッションと雰囲気」「こんな男はモテない」などと打ち出し、一般人のSNSの写真を勝手に使って品評するアカウントが出てきている。

自分は何気ない日常を投稿したはずが、気がつけば「理想的な鼻の形」と称されて名前も知らない匿名のアカウントに品評され、誰かのコンプレックスを煽ることになる。逆に「垢抜けていない芋」「チー牛（冴《さ》えない男性を揶揄するネットスラング）の代表例」など、ネガティブな意味合いで自分の写真が使われることもある。自分の人生を何気なくSNSにシェアしているだけで、こうした「品評」の場に引きずり出される可能性があるのだ。

一般人を品評するアカウントを運用している人間は、自分自身のSNSでのバズやそれに付随する情報商材、アフィリエイト収入を目的にしている場合が多い。つまり、他人の容姿を利用して自分の資本を増やそうとしているのである。

すべてを資本化することが「賢い」という幻想

自分の容姿やアイデンティティが「資本」として活用されるいま流行っているのが、Vlog《ブイログ》だ。Vlogとは「Video（動画）＋Blog（ブログ）」のことで、年齢や職業、生活環境に応じた個人のライフスタイルを発信するものである。

自分の人生を丸ごとコンテンツ化することによって収益を得ることが可能になったことで、人生そのものが資本として機能し始めている。とくに若い世代の間では、自身をコンテンツ化して価値を高めていく生き方は、コスパが良く「賢い」と見なされる。

しかし、休日の余暇や趣味までSNS映えや理想の生活として商品化しようとするのは、人生が資本主義に「侵食されている」と言っても過言ではない。もちろん、すべての人がVlogなどによって自身をコンテンツとして消費しているわけではないが、現代人は肉体・時間・精神・価値観すべてが資本として換金可能な存在になりつつある。そして資本化していない時間は「もったいない」という価値観は、ますます加速していくのではないか。

第3章で、自らの価値を高めるためにSNSの投稿に勤しむホストの現状を紹介したが、そうした姿は一般の労働者にも広がっているのだ。活動時間ではなく、「睡眠」ですらライブ配信して投げ銭を稼ぐ時代だ。自分の身体一つでどこまで資本を増やすことができるのかという究極の時代が来ているのかもしれない。

「応援消費×界隈消費」

現代の若者の消費行動について、歌舞伎町の視点からもっと詳しく見ていこう。

これまで述べてきたように、ホストクラブで大量の札束が飛び交うような消費行動は、一般的には「なんでそんな大金を使って貢ぐのか……」と奇怪に映るかもしれない。しかし、自分がポジティブな感情を向ける相手に対して、自らの身を削ってつくり出した金を注ぎ込むのは、ある意味自然な行為とも言える。

ホストクラブは、客が「姫」として「担当ホスト」をつくり、彼らの目標を応援することや、個人的な対価を求めて金銭を投じることで成り立つビジネスモデルである。その根幹には、現代の資本主義を象徴する「応援消費」と「界隈消費」の特徴が組み込まれている。

「応援消費」とは、特定の対象を支援するために行なわれる消費行動である。２０１１年の東日本大震災以降に普及し、コロナ禍を通して飲食店などを応援する消費として一般化した。いまでは、苦境に立つ企業の商品を買うという応援行動だけではなく、アイドルやアーティストへの推し活的な消費行動を広く「応援消費」と呼ぶようになった。

２０１０年代初頭に生まれた「応援消費」という概念に対し、近年生まれた言葉が「界隈消費」である。２０２０年代以降、同じ興味関心や「好き」をもつ人たちがＳＮＳ上で「界隈」と呼ばれる緩やかな集団を形成するようになったことから生まれた。

２０２４年11月に博報堂とSHIBUYA109 lab.が共同で発表したレポート[*37]によると、界隈消費とは「ファッションのテイストや趣味やカルチャー、好きな世界観を軸にしたゆるいクラスター（＝界隈）のなかで生まれる消費」である。界隈内の共感や熱量が消費の推進力となり、情報の共有や連帯感が中心的な役割を果たすとしている。複数の界隈に所属する若者がつながり、界隈内の評判によってそれぞれの界隈の消費が相互作用的に後押しされる。

歌舞伎町に関連する界隈としては、「アングラ界隈（夜職・パパ活・トー横）」「若者界隈（自撮り、片目、病み垢）」「美容界隈（コスメ・デパコス・メイク・イエベ／ブルベ・ダイエット・アンチエイジング・整形）」などが挙げられており、同時に複数の界隈に所属する若者も少なくない。

「応援消費」と「界隈消費」に共通しているのは、個人の「好き」や熱量が核となっている点だ。一方で、「応援消費」は直接的な貢献意識を重視する層に支持され、「界隈消費」はSNSを中心とした緩やかなつながりで安心感を得る層に支持されている。

ホストへの応援とホス狂い界隈

ホストクラブ産業はまさに、「応援消費」と「界隈消費」双方の要素を極限まで取り入れたビジネスモデルと言えよう。

顧客が「担当ホスト」を応援する行為が、直接的な売上やランキングに反映される。応援の成果は一日単位のラストソング、一月単位の月間ナンバー、一年単位の年間ナンバーといった形でリアルタイムに共有される。顧客は「応援消費」を通じて直接的な貢献感・達成感を味わうことができる。

この構造自体は、ほかにもクラウド・ファンディングやアイドルの総選挙システムと共通する部分も多い。ただ、ホストクラブでは応援の即時性と個別性が際立っている。ホストは消費者に直接接触し、「俺の力になってほしい」「支えてほしい」といますぐの貢献をダイレクトに求めることが可能なため、応援消費が加速しやすいのである。

また、歌舞伎町のホスト業界は緩やかな「界隈」を形成している。ホストに熱心に通う消費行動を「ホス狂い」というアイデンティティとして他者とつながり、情報共有や界隈特有の共感を促進している。界隈で話題になったシャンパンが店舗で人気になるなど、界隈のトレンドがほかの顧客に伝播することもある。

さらに言えば、界隈のなかでも顧客の職種や店舗で使う金額によって細かく棲み分けされている。金の使い方や応援の仕方、すなわち「ホストクラブでの消費行動の指針」のようなものが界隈のなかで育ち、共有される。ホストクラブに通う顧客同士が界隈消費を通じて連帯し、さらなる消費行動が促されるサイクルが形成されているのである。

生身の人間を消費することのリスク

ホストクラブ産業では、「応援消費」「界隈消費」という言葉が生まれる前からそうした特徴の消費行動が取られてきた。

一昔前は「ホストクラブに通っている」と言えば「騙されているんじゃないか」「貢がされているんじゃないか」と心配されたが、いまでは「推し活みたいなものか」「隣に座ってくれて応援できるなんて最高じゃん」と言われることも増えた。好きな対象を応援して高い金銭を投じる消費行動が、歌舞伎町だけではなく現代社会で一般的になってきたため、ホストクラブに通う行為を他者から理解されることのハードルは下がっている。

しかし、「応援消費」や「界隈消費」にも懸念点がある。経済学者の満薗勇《みつぞのいさむ》は『消費者と日本経済の歴史[*38]』で、推し活における応援消費の贈与性について「純粋な贈与ではなく、純粋な消費でもない応援消費は、互恵的贈与関係としても安定せず、売買関係としても安定しない危うさを抱えている」と指摘する。歌舞伎町で言えば、ホストクラブは店舗というプラットフォームを通してはいるが、客は生身の人間であるホストと個別に連絡を取り、直接触れ合い、金銭を投じた結果が1日単位でランキング化される。顧客にとって消費が自らのアイデンティティを支える手段になってしまうと、過剰消費に陥るリスクがある。

またホストと客の関係性が密接であるため、客は金銭的・精神的に限界がきていても「嫌われたくない、隣にいたい」といった自分の欲求を優先してしまい、消費行動を止められない可能性もある。金銭を投じ、「ホスト」というパフォーマンスを通して相手を見ている一方で、実際には生身の人間同士のやり取りが行なわれているという事実が見落とされがちだ。

「応援消費」は、純粋な売買関係以上に消費者側の贈与性を振りかざすことになり、推される側にとっては負担になるリスクもある。ホスト側が「お客さんに異常な金額を使われると、何を返せばいいかわからなくて不安になる」ことも珍しくない。応援している側も過剰な金銭を投じることで、「これだけ応援したのに」と、消費と純粋な贈与の間で揺らぐことになる。

さらに、ホストをはじめとする水商売や配信者のように、プラットフォームは存在しても推す側と推される側が事業者を介さずに直接接触できる場合、「好きなら気持ちで示せよ」「これだけ応援したんだからちゃんと返せよ」というように消費を煽る、返礼を煽るリスクがある。推す側・推される側双方に加害性がある点は重々留意するべきだろう。

「界隈消費」にもリスクは存在する。界隈内での消費行動は時に仲間意識を育ててくれるが、競争心をたきつけることにもなりかねない。自らの貢献度をほかの顧客と比較してプレッシャーを感じたり、界隈内で高額消費がステータスとなったりする場合、無理な出費や借金に発展する可能性もある。消費金額やスタンスによって界隈内での序列化が進めば、トラブルや対立を生むこともあるだろう。

消費行動をSNSで誇示すること自体、同じホストを指名している顧客同士のトラブルにつながりかねない。歌舞伎町では、指名ホストが誰であるかをSNSで匂わせたり、大金を使っている様子を発信したりすると、掲示板などに個人情報や悪口を書き込まれることは日常茶飯事だ。

顧客の界隈化は、業界全体から見れば消費を押し上げる絶大なメリットがあるが、界隈で共有された「ホストはこうあるべき」といった圧がホスト個人のプレッシャーになったり、顧客のSNSも管理しなければ自分に火の粉が降りかかるリスクがあったりもする。

こうした「応援消費」と「界隈消費」による搾取と依存の構造は、ホストクラブ以外での若者の消費行動にも表れている。消費行動が自己表現や共感、連帯感を得るための手段として行なわれているのは、アイドルやVtuber、ゲーム・ファッション・美容業界など、多くの分野に広がっている。

事業者からすれば高い単価が見込める応援・界隈消費は大きなビジネスチャンスであり、消費をかき立てるようなプロモーションがされがちだ。事業者側も消費者側も、双方が消費による搾取と依存の片棒を担《かつ》いでいることを忘れてはならない。そして「応援消費」「界隈消費」が生身の人間に向けられる場合、金銭を払っている以上両者の関係は対等ではなく、顧客は相手を消費する可能性があること、結果的に自身を消耗してしまう可能性に注意する必要がある。

加速するルッキズム

自分のすべてを資本化する動きと消費によるアイデンティティの形成について述べてきたが、そうした現代的な価値観の土台として、ルッキズムの加速があると筆者は考えている。

ルッキズムとは、「外見に基づく偏見や差別」のことである。ルッキズムは「視る／視られる」という社会関係において生まれる現象であり、上野千鶴子は『発情装置』[*39]のなかで、女性が男性の視線によって性的欲望の対象として評価され、比較され、値踏みされる「視られる身体」であることを早いうちから自覚させられると論じた。この「視られる身体」としてまなざされる視線が、現在は男女ともに降り注いでいる。

筆者が女子高生だった10年前と比べても、ルッキズムはとりわけ若者を中心に浸透し、ジワジワと息苦しさが広がっているのではないか。

女子高生ミスコン2024の公式TikTokでは、ミスコンのファイナリストの女子高生たちが「整形したい？」という質問に次々と答えていく動画を投稿。「脂肪吸引したい」「エラを削るのと鼻を小さくしたい」「骨切りたい」「顔全体を変形させたい」と答える女子高生たち。「しません」と答えた子に対しては、撮影者が「えらい！」と発言する場面もあった。

この動画は2025年1月現在、公式からは削除されている。女子高生が整形の単語を覚えており、動画の質問に平然と答えられていることから、若い世代でも身体の改造に対して当たり前に知識をもっていることがうかがえる。

2024年10月7日には、スキンケアやボディケア商品を扱うブランド「Dove《ダヴ》」が「#カワイイに正解なんてない」と題し、10月11日の国際女性デーに合わせて広告を展開した。Doveが16～19歳の女性に容姿や体型に関するアンケートを取ったところ、82・3％が何かしらのきっかけで自分の容姿や体型に自信がなくなった経験があると回答し、そのうち半数以上がSNSを見ているときに自信をなくすことがあったという。

そんな女性たちの「美」に対する意識を変え、自己肯定感を上げてほしいと打ち出した広告。「カワイイ」とされる基準の言葉を並べ、その言葉を消すような広告には、次

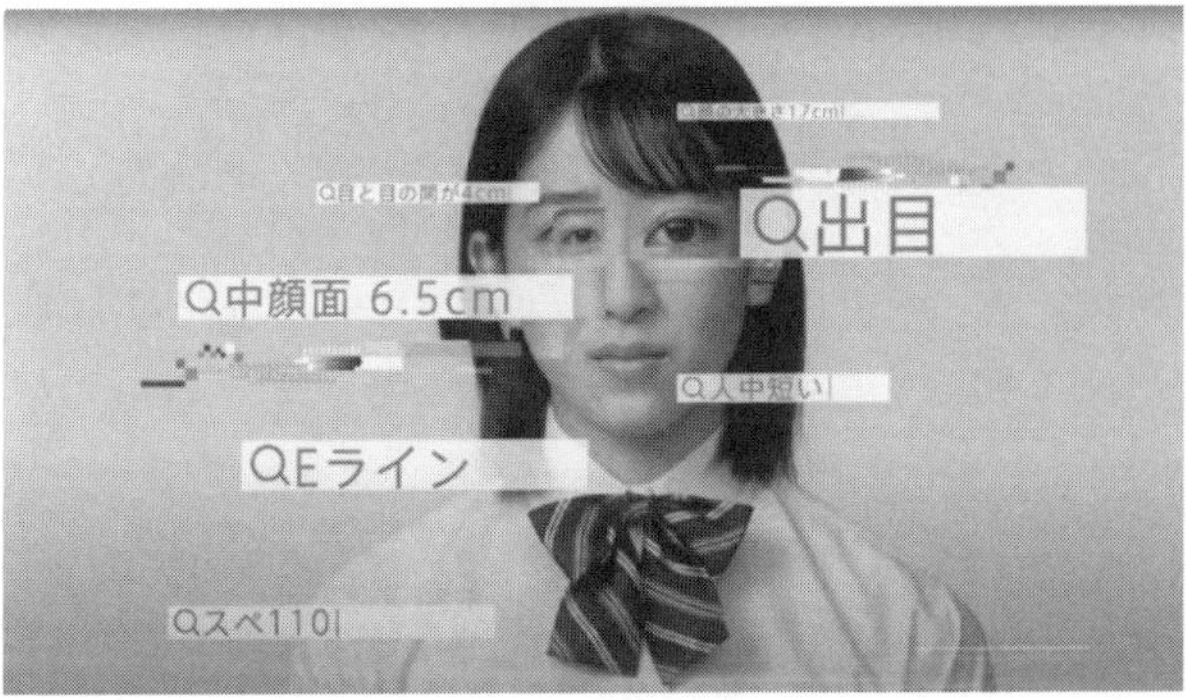

Dove（ダヴ）公式ホームページより

のような言葉が並んでいた。

「中顔面《ちゅうがんめん》6・5㎝」（中顔面＝目の下から唇までの長さ。小顔かどうかを判断する基準）

「人中《じんちゅう》短い」（人中＝鼻と上唇の間にある溝の部分。溝の長さがカワイイかどうかに影響すると言われる）

「スペ110」（スペ〈スペック値〉＝身長－体重の数値。痩《や》せているかどうかの基準とされる）

こうした10個のカワイイの基準を並べた広告を渋谷に計64枚貼り出した。ルッキズムを否定し、数字に縛られたカワイイの基準を打破する意図があったコピーだが、結果的に「むしろルッキズムを助長している」と炎上。批判のなかには「広告のせいで美の基準を植え付けられた」という声もあった。

筆者も以前、ホストから「中顔面短いね」と言われたことがある。言葉の意味を知っていれば嬉しいであろう褒め言葉だが、そのときは知らなかったためネットで検索をかけてしまい、結果的に顔面の黄金比率を知ることになり、自分の顔の「数字」と向き合うことになった。

Doveの広告コピーの大半は整形用語である。なかでも「スペ110」はもともと夜職界隈発祥の言葉と言われており、スカウトが女性を夜の店に紹介する際、写真でしか判断がつかないときに女性を商品として説明するために用い始めた基準だ。この言葉がSNSによって普及し、大手企業である「Dove」が若者向けの広告として採用した事実こそ、歌舞伎町の規範がSNSを通じて社会に流れ出ている裏付けになっている。

外見が「能力」と見なされる時代

では、近年はなぜこうもルッキズムが加速しているのか。

第一に、身体加工のハードルが極端に下がったことが挙げられるだろう。社会学者である谷本奈穂の『美容整形と化粧の社会学』[*40]では、スーザン・ボルドーが提唱した「変えることのできる身体＝プラスティックボディ」の考えをはじめ、消費文化によって身体は思いどおりに形作られるものとして捉えられるようになった過程を論じている。「身体加工」はダイエットなどのボディメイクから脱毛、化粧も一時的な身体加工と言える。近年では、写真を「盛る」フィルターも身体加工の一種だろう。こうした身体加工が一般化していくなかで、自分磨きや垢抜けの一種として整形という手段も一般化し、「整形は努力、ブスは努力不足」といった風潮が広がっている。本来高額な手段であるはずの整形も「垢抜け」と一括りにされ、身体加工を助長しているのだ。こうした流れは美容資本への投資を過剰に正当化し、ルッキズムを加速させている。

このようなルッキズムの最前線を走っているのが歌舞伎町を中心とする夜職業界だ。夜の業界の身体加工は「好きな服を着る」「痩せて自分に自信をもつ」といったレベルではなく、基本的には「より高値で売れる商品になる」ための加工である。自らを「モノ」として捉え、市場でよりウケるように身体加工をするのが当たり前の世界だ。

筆者は、夜の業界の価値観が一般社会に急速に広がっている現状に危惧を抱く。商品として己を加工し販売するということは当然、性的にまなざされ、消費される存在であることを忘れてはならない。美の基準がわかりやすい単語や数字で定義づけられることで、「その枠にハマろう」と安易に整形を考える人が増えているのではないか。彼女たちは、「自分らしさ」という曖昧で不安定なものよりも、世間で数値化されている明確な枠にハマろうとしているのだ。

ルッキズムについて研究している西倉実季は、「外見が『能力』となる社会」と題する論考[*41]のなかで、労働でも外見が「能力」として商品化されている点について指摘している。同論考では、接客サービス労働を中心的な事例として、労働において外見が求められる倫理的問題について論じているが、より良い外見を「商品」として売る接客業についてては言及されていない。接客サービス労働におけるルッキズムの問題を検討するうえで、夜職は今後の重要な分析対象にもなるはずだ。

夜職では、キャバクラ嬢やラウンジ嬢なら時給、ホストなら移籍金や日給、風俗嬢・セラピストなら単価という形で明確にランク分けされ、値段がつけられる。その背景にあるのは、顔や身長、スタイルといった容姿すべてが「能力」であり、加工可能なモノとして見る価値観である。

歌舞伎町の代表的なホストグループ「エアーグループ」のキャッチコピーは「職業、イケメン。」だ。グループとしては看板のコピーに偽りがないよう、ホストという商品を最大限選別するのである。こうした外見を「能力」としたうえで明確な序列がつけられるのが夜の業界であり、そうした「規範」があることで、働く者は自分の外見の価値を知り、さらに高めるために奮闘するのである。

男性も「視られる身体」へ

先に、女性はつねに「視られる身体」であるとする上野千鶴子の指摘を紹介した。しかし近年は、男性も女性と同様に「視られる身体」になっており、それはホストやアイドルといった一部の人間に限らない。

富士経済の調査によると、メンズコスメ市場は年々拡大し、２０２５年には１６７０

億円まで拡大する見通しだ。[*42] 肌管理から眉毛、メイク、脱毛……。「男性だから」では容姿を磨かない言い訳にできなくなってきている。男性も女性同様に、「垢抜け」という言葉のなかにスキンケアからアートメイク、整形までが入り込みつつある。

容姿が加工可能なパーツとして認識されているいま、とくに若い世代の間では、容姿という「能力」を磨かないことは「努力不足」と見なされてしまうのだ。逆に言えば、「男のくせに外見に気を遣って」と煙たがる風潮は薄まっていると言える。ただ、その先に待っているのは、これまで女性が浴び続けてきた「容姿によって能力をジャッジされる」基準が広く男性にも適用されていく世の中である。

いまや、外見を含めて「能力」と見なされるのは女性だけではない。男性のなかでも、一部の「視られる仕事の人」だけでもない。歌舞伎町に浸透している価値観は、若い世代を中心に一般の人びとの間にも広がっているのである。

商品として己を最適化する若者たち

あらゆる手段でコスパよく内面・外見の質を高め、自分の資本価値を向上させようとする競争を見ていると、自分磨きのための消費行動すらもアイデンティティ化していると言える。自分が何を好み、どんなものを消費しているかを自己紹介代わりに据え、そこに幾ら投じているかで好き度や努力値を測る。

趣味が細分化し、能力も複雑化した一方で、SNSを通じて他者と容易につながれる社会になったからこそ、自己紹介と承認を得る手段がわかりやすい数字や肩書きになったのではないだろうか。まるで夜職の人間のように自らをパッキングし、可視化しやすい商品説明をつける様を見ていると、他者や周りの環境に依存せずに自分の価値観を信じ、多様な自己実現を行なうことが難しくなってきているのかもしれない。

整形をはじめとして、いま若者がわかりやすい外見の加工や数字を基準とした能力評価を欲している背景には、「目に見えないものを信じられない」という不安定さがあるのではないか。

「誰かから『めっちゃタイプ』とか言われても、信用できないんですよ。たんにお前が

B専だからだろ、って思っちゃう。それに対して『Eライン綺麗だよね』とか、具体的な根拠をもとに顔の造形を褒められると、私ってほんとに綺麗な基準に乗ってるのかなってやっと思える。自分で自分に自信をもててないから、他者の主観による褒め言葉をうまく受け取れないいんですよね」

（20代・風俗嬢）

他者から評価をされて承認を受けたいにもかかわらず、その承認すら信じることができないという負のスパイラルに陥る。そのスパイラルから抜け出すために、自分が納得できる普遍的な基準を探してしまうのも、一種の現代病なのかもしれない。

誰でも承認してくれる究極の街

歌舞伎町での特異な労働や経済システムについて論じてきて、本章では現代の若者の価値観にまで風呂敷を広げ、話を展開してきた。歌舞伎町は過剰な消費と競争が起きる場であり、資本主義の極致とも言うべき側面がある。しかし、そうした側面を有しながらも長らく栄え続けてきたのは、歌舞伎町に「誰でも受け入れてくれる街」としての顔があるからではないか。

第2章で述べたように、歌舞伎町は「年齢不問・学歴不問・前科不問」の街である。もちろん、労働者として雇用される際は「商品」として一定の基準はあるが、基本的にはどんな人間でも受け入れてくれ、街のルールに従って自分の商品価値を上げて生き残る。逆に言えば、頑張れば頑張るだけ成果が出て、認めてくれる場所ということだ。自己肯定感が削られやすい街ではあるが、自己効力感は得やすいとも言える。

また、消費者として楽しむ分にも排他的ではない。どんな人間も受け入れ、金銭を払えば承認してくれる。毎日そこに行けば働いている人が店頭に立っていて、擬似的かもしれないが継続的な関係性を維持し、居場所として機能する。筆者も大学卒業後、周りの友人が社会人になり、休みの予定を立てたり「いまから遊ぼう」といった誘いをしにくくなったりしたとき、歌舞伎町の「行けば誰かがいる」点に救われた。

消費者のなかには、日常的に歌舞伎町の店を利用して自分の人生に意味を見つける者から、非日常として利用して日常への活力にしている人間もいる。雑多な人間が絡み合いながら街を形成している。だからこそ、歌舞伎町という街は存在し続け、人びとを魅了して止まないのだ。これまで述べてきた「搾取と依存の構造」を認識して節度を保って行動すれば、これほど楽しい街はない。

「人を消費する」ことに慣れた私たちへ

ただ、いまの社会は過激な広告が街中にあふれ、「推しに課金！」「自己投資しない奴は負け！」といった消費を煽るものも散見される。人は消費をしないと生きていけない生き物ではあるが、金でモノを買っているだけではなく、往々にして「人を消費している」という現実を、まずは一度立ち止まって直視する時間が必要ではないだろうか。

推し（人）に対して、モノと同じ「課金」という言葉を使うこと。身近な存在の人間を「推し」と称して、自分の都合のいい妄想を押しつけること。「仕事なんだからちゃんとやれよ」と、消費者としての権利を振りかざし、相手の人間性にまで口を出すこと。人の容姿をジャッジし、不用意に発言することで、相手が容姿に悩み、改善するための過度な消費行動に走る可能性があること。

自分にとって何が本当に大切なのか。いま自分がしようと思っている消費行動は、他人に言われたからではなく、本当に自分の意思で行ないたいものなのか。見返りを期待して、やけになって、後悔しそうなお金の使い方をしていないか。自分の価値を他人の評価だけで測っていないか。

いままで使ったお金に後悔がなくても、これから使うお金に躊躇はないか。

筆者自身、つねづね痛感していることである。

誰もが沼にハマる可能性がある

この社会には、人だけではなく、熱中できる魅力的なコンテンツがあふれている。「嗜好品」と言われるワインかもしれないし、金のかからない趣味かもしれない。ハマれる何かを見つけられるということは非常に素敵なことだ。「あの頃あれに夢中になってたな」と振り返ることができるモノというのは、なかなか見つかるものではない。

筆者はホストに熱中していた頃、他人に「金の無駄では？」と聞かれたら、「これだけお金を払ってもいいと思える趣味に出合ったことがないんですか？」と切り返していた。いまの私にとっては大金だが、あの頃の私にとっては必要な出費だったのだ。ホストの沼にどっぷりと沈んでいた頃が多少懐かしく、いまは浅瀬に足を入れ、誰かがまた私をあの沼に引きずり込んでくれることに少し期待をしている部分もある。

本書では終始、歌舞伎町という特異な街で沼にハマった男女の話を取り上げてきた。しかし、人はいつ、どのようなきっかけでどんな沼にハマるかわからない。ハマるきっかけも、そこから抜け出せなくなるきっかけもさまざまだ。

しかし、ハマりすぎて自分を見失ったり、過度な消費に苦しんだりする可能性もある。その結果、好きだった趣味や熱中したものが思い出したくない過去になり、時間と金を無駄にしたと悔やむことになる可能性も否定できない。

誰もが沼にハマる可能性があり、誰もがそれを後悔する可能性もある。

せっかくハマった沼なら、振り返ったときに、ある意味青春だったと思えるような体験になってほしい。そのためには、自分を過度に追い込んだり、他者の軸で無理な消費をしたりしていないか、自分に問いながら沼の温かさを楽しんでみてほしい。

歌舞伎町という街が映す姿は、極端なようでいて、じつは私たちの社会そのものだ。消費によってつながり、自分の価値を見出している。時に「沼り」、そこから抜け出せなくなる。そんな歌舞伎町から見えてくる課題は、何も別世界のものではなく、私たち一人ひとりが向き合うべき問いでもある。

第6章のまとめ

- ホストクラブは「応援消費」と「界限消費」双方を取り入れたビジネス。
- 「応援消費」や「界限消費」では「人を消費している」ということを忘れてはならない。
- いまの若者が自分のすべてを資本化する背景には、ルッキズムの急速な加速がある。
- ルッキズムの対象は女性やホストだけではなく、一般の男性にも広がっている。
- 歌舞伎町は資本主義の極致であり、誰でも受け入れてくれる街でもある。

おわりに

ちょうど1年前の23時58分、本書の元となった卒業論文を期限ギリギリで提出した。あれから1年。何も学習しなかった私は、またしても締切間際でこの文章を書いている。そういえば数年前の今頃も、自分でつくった売掛金を返すために、ギリギリまで働いていたような気もする。人は何年経っても変わらない。

私はいま、とあるホストグループの新年会にお邪魔している。会社の社内表彰式のようなものだ。売上を立て、夢をつかんだ若い男の子たちが煌びやかなステージに立ち、表彰される。東京のど真ん中で、年齢も学歴も職歴も関係なく、成功すれば華やかな舞台が用意されている。この表彰式を見て憧れた男の子たちが、また今年もホストとして魂を燃やす。

そんな夢のある綺麗な舞台を支えている女の子たちのお金の出どころを思うと複雑

だ。だがしかし、誰かに逆らえない状態で無理やり働かされているわけでないのなら、彼女たちの働き方もお金の使い道も、口を出す権利はない。この街ではそれが努力であり、自分を評価してもらえる自己証明の場なのだとしたら、法規制などによって形は変われど、根本的な承認と消費の価値観は変わらずに残り続けていくのではないだろうか。

それでも、いまこうしたホスト産業を見ていて、無理やり働かされていたり、犯罪を犯してまでホストに大金を注ぎ込む女性や、女性を洗脳し、売春を唆している者がいる可能性がゼロであると私は断言できない。そうした仄暗《ほのぐら》さがある以上、やはりメディアがホストを過剰にもち上げることには抵抗を覚えるのだ。

一方で、コメンテーターが表面だけを見て「普通の友達と遊べばいい」「彼氏をつくればいい」という的外れなアドバイスをしたり、下手な再現VTRで同情ポルノ的につくられた「ホストに色恋で騙され、貢がされた」というテンプレートな転落物語が主流なわけではないのもまた事実である。

陳腐なように見えて、意外と計算されたシステムがある歌舞伎町。売上を上げたら、輝くステージをきちんと用意してくれるのはある意味夢があって、少し羨ましいなと彼らを見ていて思った。

ホストクラブに通う一顧客だった私が、こうして文章を書くようになり、新年会にお邪魔させてもらえるようになった。

大学一年生の頃、歌舞伎町で自殺を止めたことがある（その辺りの話はインタビューや拙著『「ぴえん」という病』[*43]でも語っている）。そのときちょうど授業でオーラルヒストリーについて学び、違う大学で「歌舞伎町の社会学」と題された授業があることを知り、聴講していた。自分が趣味で飲み歩いている街が、学問として研究可能な領域であることに驚いた。社会学が身近になった瞬間だった。

それから大学で研究会に所属し、本格的にフィールドワークを続けた。ただのルポに終わらず学問として成立させる難しさを知った。まだ私は、卒業論文が何とか受理された程度の社会学を勉強する元学生である。本書にコメントを寄せてくださった、研究会の恩師である小熊英二教授の「研究未満」という言葉は、私のそうした未熟さに対し、今後への期待を込めていただいた言葉だと前向きに受け止めている（頭がお花畑のほうが人生は楽しいと、歌舞伎町人生で学んだのだ）。

大学と歌舞伎町の往復をしていた6年間は、振り返れば青春だった。どちらでもたくさんのことを学んだ。とくに歌舞伎町で学んで良かったと思うのは、人へのお礼の気持ちや応援、義理として使う金をケチらなくなったことである。あのとき奢った1杯がつないでくれた縁が、いまの私を支えてくれている。

本書を書くにあたって、歌舞伎町生活を振り返るとともに、3年前に執筆したデビュー作『「ぴえん」という病』を読み返した。たった3年で歌舞伎町を取り巻く環境は大きく変化していた。

それと同時に、2021年よりもはるかにルッキズムが過激になり、消費行動が煽られているように感じられた。当時、2000年生まれの私が歌舞伎町にいることが驚かれていたが、いまではもっと若い世代が歌舞伎町に足を踏み入れている。

いまの高校1年生と私は、年齢が10歳近くも離れている。彼女たちの生きづらさやルッキズム、トー横や歌舞伎町への憧れの話を聞いて驚いた。

ギリギリ若者の私が自分たちの学生時代とはまったく違うと感じるということは、私より上の世代が感じるギャップはさらに大きいだろう。いまの若者の生きづらさは、私たちの経験則による尺度では計り難いものなのだと思う（高校の文化祭でホストクラブをやりたいから現場のリアルを教えてほしい、とDMをしてきた高校生がいた。SNSでより身近になったホストクラブの影響はこんなところにも表れている）。

いままではほとんど年上と同年代に取材をしていたが、私がライターとして活動を続けていくとしたら、これからは年下に話を聞く機会も増えるはずだ。人間とは不思議なもので、若いときに若者扱いを受けて嫌な気持ちになったことを数年経てばすっかり忘れ、「私たちの頃は」なんて与太話を広げてしまう。そんな自分を律しつつ、引き続きどんな相手にも「敬意と興味」をもって取材を行なっていきたい。

そして「現役女子大生」という下駄がなくなったいま、大人と対等に仕事をできる人間になるために、より一層精進していきたい次第である。もし本書を読んでくださった方のなかにデビュー作も手に取ってくれた方がいたとしたら、多大な感謝を述べるとともに、少しでも文章と内容が成長していると感じていただけたら大変嬉しい。

長くなったが、最後に謝辞を述べさせていただきたい。

まずは、取材に応じてくれた歌舞伎町の皆様。とくに店舗Zさんには、忙しい店の営業前にお時間をいただいた。この数年間で出会ったたくさんのホストの方々の仕事論やポリシー、そして時折あふれる本音が本書を彩る貴重な資料になった。私と出会ってくれたすべてのホストに感謝を述べたい。

次に、ホス狂いとして真っ直ぐな想いを語ってくれた愛する友人たちへ。あなたの選んだ道が担当と離れる幸せでも担当と添い遂げる不幸でも、私は見守り、これからも話を聞くことを誓おう。

歌舞伎町の担当ホスト以上に迷惑をかけたのが、本書の担当編集である中西史也さんだ。幾度となく打ち合わせを重ね、歌舞伎町の外の人間として的確な視点とアドバイスをいただいた。ホストに「好きだよ」と言ってもらいたくて頑張っていたあのときのように、担当編集に「面白い」と言われたくて頑張っていた。こんなにお世話になったのにシャンパンを入れなくていいなんて……。

中西さん以外にも、執筆中にアドバイスをくれた鈴木さんをはじめとする友人たち。

図表を提供していただいたビーノ先生と昼ぽよ。そして素敵なカバーイラストを担当してくれたぶるうし君。彼をつないでくれたのは、私の指名ホストだった。そう思うと、私の歌舞伎町のもてる縁すべてを詰め込んだのが本書なのかもしれない。

最後に、久しぶりの連絡にもかかわらず、批評コメントを引き受けてくださった小熊英二教授。ありがとうございます。5年という長い時間、先生のもとで学んだことは忘れません。

本書はある意味、私にとって歌舞伎町生活の集大成であり、卒業証書のような本である。15歳から足を運んで、まる10年。歌舞伎町へ愛を込めて、この本を贈る。

２０２５年１月31日　表彰されるホストたちを眺めながら

佐々木チワワ

[註]

1　『読売新聞』2024年4月22日
2　赤坂アカ、2020~2024年、集英社
3　藤田結子・北村文編『現代エスノグラフィー　新しいフィールドワークの理論と実践』（2013年、新曜社）
4　2017年、新曜社
5　武岡暢、2017年
6　ホスホス、全掲載店舗、https://www.host2.jp/shop/index_sp.html
7　体入ホスパラNAVI、https://hostjob.jp/magazine/5080/
8　武岡、前掲書、2017年
9　武岡、前掲書、2017年
10　武岡、前掲書、2017年
11　*Staged Seduction: Selling Dreams in a Tokyo Host Club*, Stanford University Press,2016
12　石川准・室伏亜希訳、世界思想社、2000年
13　Akiko Takeyama, 2016
14　KADOKAWA、2022年
15　Akiko Takeyama, 2016

16 幻冬舎、２０２１年
17 香月孝史ほか編著『アイドルについて葛藤しながら考えてみた　ジェンダー／パーソナリティ／〈推し〉』（青弓社、２０２２年）
18 木島由晶「『男らしさ』の装着――ホストクラブにおけるジェンダー・ディスプレイ」（宮台真司ほか編『「男らしさ」の快楽　ポピュラー文化からみたその実態』勁草書房、２００９年）
19 ほすちる「Host children」、https://www.youtube.com/@-Hostchildren
20 冬月ＴＶ―冬月公式 YouTube サイト、https://fuyutsuki.tv/
21 THE ROLAND SHOW【公式】、https://www.youtube.com/channel/UCSxjUZznZGt-ynhmtsCxjXA
22 上岡磨奈「アイドルは労働者なのか――『好きなこと』を『やらせてもらっている』という語りから問う」（田島悠来編『アイドル・スタディーズ――研究のための視点、問い、方法』明石書店、２０２２年）
23 石井純哉「アイドルが見せる『夢』――アイドルの感情労働」（田島、前掲書、２０２２年）
24 「ホストの在り方とアイドルの違いについて」、https://www.tiktok.com/@ukyomaru/video/7256699853609176321
25 青土社、２０２３年
26 堀之内出版、２０１７年
27 上岡磨奈、前掲書、２０２３年
28 落合恵美子・赤枝香奈子編『アジア女性と親密性の労働』（京都大学学術出版会、２０１２年）
29 中村香住「メイドカフェにおける店員と客の親密性のマネジメント　『親密性の労働』としての『関係ワーク』の実践」（中村香住ほか編著『消費と労働の文化社会学』ナカニシヤ出版、２０２３年）

30 『東京新聞』２０２３年12月20日
31 『東京新聞』２０２４年12月４日
32 時事通信、２０２４年11月13日
33 新装版、有地亨訳、勁草書房、２００８年
34 https://www.caa.go.jp/policies/policy/consumer_system/other/assets/consumer_system_other_231130_0001.pdf
35 ＮＨＫ、２０２４年12月19日
36 吉田精次、２０１２年
37 「界隈消費―生活者発のコミュニティ起点で起きる、未来の消費とは？―」
38 中公新書、２０２４年
39 筑摩書房、１９９８年
40 新曜社、２００８年
41 『現代思想』２０１９年９月号、青土社
42 富士経済「化粧品マーケティング要覧　２０２４　No.２」
43 扶桑社新書、２０２１年

〔参考文献〕

藤田結子・北村文編『現代エスノグラフィー　新しいフィールドワークの理論と実践』（新曜社、2013年）
武岡暢『生き延びる都市　新宿歌舞伎町の社会学』（新曜社、2017年）
Akiko *Takeyama,Staged Seduction: Selling Dreams in a Tokyo Host Club*, Stanford University Press,2016.
石井光太『夢幻の街　歌舞伎町ホストクラブの50年』（KADOKAWA、2020年）
荒井悠介『若者たちはなぜ悪さに魅せられたのか　渋谷センター街にたむろする若者たちのエスノグラフィー』（晃洋書房、2023年）
A・R・ホックシールド『管理される心　感情が商品になるとき』（石川准・室伏亜希訳、世界思想社、2000年）

佐々木チワワ『歌舞伎町モラトリアム』（KADOKAWA、2022年）
上野千鶴子・鈴木涼美『往復書簡　限界から始まる』（幻冬舎、2021年）
香月孝史ほか編著『アイドルについて葛藤しながら考えてみた　ジェンダー／パーソナリティ／〈推し〉』（青弓社、2022年）
宮台真司ほか編『「男らしさ」の快楽　ポピュラー文化からみたその実態』（勁草書房、2009年）
田島悠来編『アイドル・スタディーズ――研究のための視点、問い、方法』（明石書店、2022年）
上岡磨奈『アイドル・コード：託されるイメージを問う』（青土社、2023年）
河野真太郎『戦う姫、働く少女』（堀之内出版、2017年）
落合恵美子・赤枝香奈子編『アジア女性と親密性の労働』（京都大学学術出版会、2012年）
中村香住ほか編著『消費と労働の文化社会学』（ナカニシヤ出版、2023年）
マルセル・モース『贈与論　新装版』（有地亨訳、勁草書房、2008年）
満薗勇『消費者と日本経済の歴史　高度成長から社会運動、推し活ブームまで』（中公新

書、２０２４年）
上野千鶴子『発情装置　エロスのシナリオ』（筑摩書房、１９９８年）
谷本奈穂『美容整形と化粧の社会学』（新曜社、２００８年）
西倉実季「外見が「能力」となる社会　ルッキズムと倫理」（『現代思想』２０１９年９月号）
北村匡平「男性身体とルッキズム」（『現代思想』２０２１年11月号）
佐々木チワワ『「ぴえん」という病　ＳＮＳ世代の消費と承認』（扶桑社新書、２０２１年）

図版作成：宇梶勇気

PHP新書
PHP INTERFACE
https://www.php.co.jp/

佐々木チワワ［ささき・ちわわ］

ライター。2000年生まれ。慶應義塾大学総合政策学部卒業。高校生の頃から歌舞伎町に足を運び、トー横キッズやホストなどの現場を取材し、「歌舞伎町の社会学」を研究。自身もホスト通いを重ね、消費者としても参与観察を続ける。著書に『「ぴえん」という病』（扶桑社新書）、『歌舞伎町モラトリアム』（KADOKAWA）、『ホスト！立ちんぼ！トー横！オーバードーズな人たち』（講談社）など。

PHP新書 1423

歌舞伎町に沼《ぬま》る若者たち
搾取と依存の構造

二〇二五年三月十二日　第一版第一刷

著者――佐々木チワワ
発行者――永田貴之
発行所――株式会社ＰＨＰ研究所
東京本部――〒135-8137 江東区豊洲5-6-52
ビジネス・教養出版部 ☎03-3520-9615（編集）
普及部 ☎03-3520-9630（販売）
京都本部――〒601-8411 京都市南区西九条北ノ内町11
組版――株式会社ＰＨＰエディターズ・グループ
装幀者――芦澤泰偉＋明石すみれ
印刷所
製本所――大日本印刷株式会社

ISBN978-4-569-85865-4

ＰＨＰ新書刊行にあたって

「繁栄を通じて平和と幸福を」(PEACE and HAPPINESS through PROSPERITY)の願いのもと、ＰＨＰ研究所が創設されて今年で五十周年を迎えます。その歩みは、日本人が先の戦争を乗り越え、並々ならぬ努力を続けて、今日の繁栄を築き上げてきた軌跡に重なります。

しかし、平和で豊かな生活を手にした現在、多くの日本人は、自分が何のために生きているのか、どのように生きていきたいのかを、見失いつつあるように思われます。そして、その間にも、日本国内や世界のみならず地球規模での大きな変化が日々生起し、解決すべき問題となって私たちのもとに押し寄せてきます。

このような時代に人生の確かな価値を見出し、生きる喜びに満ちあふれた社会を実現するために、いま何が求められているのでしょうか。それは、先達が培ってきた知恵を紡ぎ直すこと、その上で自分たち一人一人がおかれた現実と進むべき未来について丹念に考えていくこと以外にはありません。

その営みは、単なる知識に終わらない深い思索へ、そしてよく生きるための哲学への旅でもあります。弊所が創設五十周年を迎えましたのを機に、ＰＨＰ新書を創刊し、この新たな旅を読者と共に歩んでいきたいと思っています。多くの読者の共感と支援を心よりお願いいたします。

一九九六年十月

ＰＨＰ研究所

1201 未完の資本主義　ポール・クルーグマンほか［著］／
大野和基［インタビュー・編］
1202 トイレは世界を救う
ジャック・シム［著］／近藤奈香［訳］
1219 本屋を守れ　藤原正彦
1223 教師崩壊　妹尾昌俊
1229 大分断　エマニュエル・トッド［著］／大野　舞［訳］
1231 未来を見る力　河合雅司
1233 男性の育休　小室淑恵／天野　妙
1234 AIの壁　養老孟司
1239 社会保障と財政の危機　鈴木　亘
1242 食料危機　井出留美
1247 日本の盲点　開沼　博
1249 働かないおじさんが御社をダメにする　白河桃子
1252 データ立国論　宮田裕章
1262 教師と学校の失敗学　妹尾昌俊
1263 同調圧力の正体　太田　肇
1264 子どもの発達格差　森口佑介
1271 自由の奪還　アンデシュ・ハンセンほか［著］／
大野和基［インタビュー・編］
1277 転形期の世界　Voice編集部［編］
1280 東アジアが変える未来　Voice編集部［編］

1281 5000日後の世界　ケヴィン・ケリー［著］／
大野和基［インタビュー・編］／服部桂［訳］
1286 人類が進化する未来　ジェニファー・ダウドナほか［著］／
大野和基［インタビュー・編］
1290 近代の終わり　ブライアン・レヴィンほか［著］／
大野和基［インタビュー・編］
1291 日本のふしぎな夫婦同姓　中井治郎
1298 子どもが心配　養老孟司
1303 ウイルス学者の責任　宮沢孝幸
1307 過剰可視化社会　與那覇潤
1315 男が心配　奥田祥子
1321 奇跡の社会科学　中野剛志
1326 ネイチャー資本主義　夫馬賢治
1328 「立方体が描けない子」の学力を伸ばす　宮口幸治
1331 何もしないほうが得な日本　太田　肇
1334 指導者《リーダー》の不条理　菊澤研宗
1336 虐待したことを否定する親たち　宮口智恵
1343 ディープフェイクの衝撃　笹原和俊
1356 先生がいなくなる　内田良／小室淑恵／
田川拓麿／西村祐二
1362 老い方、死に方　養老孟司
1367 左利きの言い分　大路直哉

［**スポーツ**］